ZHIXIANG ZHIYE JIAOYU WENNUAN FUWU XING
RENCAI PEIYANG DE LITI PINGJIA

指向职业教育温暖服务型
人才培养的立体评价

龚国桥　陈艳丽
陈　倩　彭飞霞　著

重庆出版集团 ◎ 重庆出版社

图书在版编目（CIP）数据

指向职业教育温暖服务型人才培养的立体评价 / 龚
国桥等著． -- 重庆：重庆出版社，2025.5. -- ISBN
978-7-229-20136-4

Ⅰ．G719.2

中国国家版本馆 CIP 数据核字第 2025QY2815 号

指向职业教育温暖服务型人才培养的立体评价

ZHIXIANG ZHIYE JIAOYU WENNUAN FUWU XING RENCAI PEIYANG DE LITI PINGJIA

龚国桥　陈艳丽　陈　倩　彭飞霞　著

责任编辑：胡　苏
责任校对：杨　媚
装帧设计：秦钰林　刘　冰

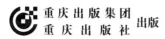

重庆出版集团
重庆出版社 出版

重庆出版社职教分社出品
重庆市南岸区南滨路 162 号 1 幢　邮政编码：400061　http://www.cqph.com
重庆市开源印务有限公司印制
重庆出版社有限责任公司至行传媒分公司发行
E-MAIL：cqphzjfs@163.com　联系电话：023-61520630
全国新华书店经销

开本：787 mm×1092 mm　1/16　印张：10.5　字数：212 千
2025 年 5 月第 1 版　2025 年 5 月第 1 次印刷
ISBN 978-7-229-20136-4
定价：50.00 元

如有印装质量问题，请向本社至行传媒分公司调换：023-61520629

前 言
职业教育人才培养的温暖转型
为何需要评价引领

党的十八大以来，政府、教育界和社会对各级各类教育评价问题的严峻性有着高度共识，并着眼于通过构建科学的教育评价体系，及时矫正教育评价过程中的不良导向。其中，最为核心的体现是 2020 年出台的《深化新时代教育评价改革总体方案》，该方案集中反映了我国教育评价改革中所存在的主要问题和承担的主要任务，也指明了我国教育评价改革的整体方向和实现路径。在经济转型发展的今天，职业教育同样面临着评价问题，尤其是 2021 年 10 月国务院印发《关于推动现代职业教育高质量发展的意见》之后，职业教育启动高质量建设之路，质量作为评价职业教育水平高低的尺度，同时也代表了职业教育办学者通过职业教育体制机制改革提升办学整体印象和服务水平所做的努力。如何科学评价职业教育教学、管理和学生发展等维度的质量，引领职业教育人才培养全过程改革，是现代职业教育面临的重大问题，也是职业教育高质量发展的重要抓手。

一、问题梳理：职业院校高质量发展的现实困境

（一）质量与职业教育高质量发展

"质量"是一个广泛使用但内涵并不清晰的概念，经典教育概念可以从"特性说""需求说""程度说"和"融合说"进行概括。"特性说"强调的是将教育质量视为教育活动或者系统本身固有的特性，比如将教育质量定义为

"通过教育系统的输入、过程或成果中能满足内外重要人士外显的或者隐藏的期望的一套元素[1]""教育是满足个体和社会显现的和浅在教育需要能力的特性[2]",在温奇等人将教育视为服务业的前提下,"质量"被认为是"产品的实用性和可靠性[3]",就是一种较为典型的"特性说"。"需求说"的核心理念是将教育质量视为教育活动对利益相关者需求的满足。比如沙利斯将教育定义为"向顾客提供的服务对其的需求满意程度""如果治理就是为了满足甚至超越客户的需要和想法,那么必须清楚地知道我们应该满足谁的需求和想法[4]"。"程度说"指的是将教育质量视为教育投入、过程、结果达到教育目的的水平或比例。比如有的学者将教育质量理解为"学校进行教育活动目标的实现程度[5]"。"融合说"是兼指多种质量观基础上形成的质量学说,认为教育质量是"教育过程与结果的特性满足不同利益相关者需要的程度[6]"。

根据"质量"的内涵,"职业教育高质量发展"的内涵可以定义为:"职业教育过程和结果的特性满足职业教育相关的不同利益相关者需求的高标准发展,既包括了过程的高质量,也包括了结果的高质量,同时要求的质量形象和要求达到了不同利益者的较高层次需求"。职业教育高质量发展蕴含了三个层面的隐喻:一是职业教育的实用性和可靠性。也就是职业教育能为社会培养实用和可靠的人才,核心是职业教育活动的加持下职业人才培养的特性的形成,落实职业教育是建立在职业技术技能形成的特有规律之上的教育,符合职业教育特色,培养用得上、用得好的职业教育人才;二是职业教育的需求满足性。职业教育源起于成熟技术的应用,是面向具体技术广泛应用的大规模人才需求而设立的教育类型,但随着技术水平的快速提升,尤其是模块化对技术集成的路径实现,职业教育由具体的工作技能转向突出工作实践问题解决能力的教

[1] Cheng, Y. C. School Education Quality: Conceptualization, Monitoring, and Enhancement[A]. Siu, P. K. &Tam, T. K.（Eds.）, Quality in Education in Different Perspectives[C].Hong kong: The Hong Kong Educational Research Association, 1995: 123-147.

[2] 王敏 . 教育质量的内涵及衡量标准新探 [J]. 东北师大学报, 2000（02）: 20-23.

[3] Winch, C. & Gingell, J. Philosophy of Education: The Key Concepts（2nd Edition）[Z]. London and New York: Routledge, 2008: 174.

[4] 冯建军 . 论教育质量及教育质量均衡 [J]. 教育研究与实验, 2011（6）: 1-6.

[5] 王军红,周志刚 . 教育质量的内涵及特征 [J]. 河北大学学报（哲学社会科学版）, 2012, 37（5）: 70-73.

[6] 苏启敏 . 教育现代化进程中教育质量概念的历史、逻辑与结构 [J]. 教育研究, 2020（7）: 39-49.

育[1]，核心是职业教育能满足个体、用人单位和社会解决复杂性现实问题需求；三是职业教育的发展程度，其核心是体现较高水平的发展，超越一般层次或者其他可以比较的国家和地区的职业教育平均水平。

（二）职业教育高质量发展的现实困境

用职业教育高质量发展的视角审视职业教育可以发现，尽管我国在推动职业教育发展上试图实现规模与内涵的双向并进，但无论是规模结构、区域分布、专业与课程、教师与团队、经费与保障、人才培养质量与发展能力方面都与高质量发展有一定出入。按照职业教育高质量发展的诉求，可以归纳为以下三个方面：

一是职业教育高质量发展所需要的人才培养实用性和可靠性不足。职业教育是内生于社会成熟技术需求的教育，是建立在区域经济发展和学生职业发展的多样化需求基础之上的教育类型，影响职业教育发展的直接因素是产教之间的联动、校企之间合作、师生之间多向联系缺乏，导致职业教育整体缺乏协调性和开放性，影响了职业人才培养的实用性和可靠性。同时，由于缺乏系统的职业教育课程与教学研究，在教学层面沿袭普通教育的惯习，尽管提出了"育训并举""工作过程系统化""任务化教学""情境化教学"等具有职业教育特色的教学理论，但对职业教育的系统理解还没有达到支持职业教育高质量发展的高度，对职业教育教师培养的支持和引导远远不够。同时，职业教育质量的生成通常是在职业教育发展过程的末端[2]，职业教育自身学习内容的快速变迁导致人才培养所需要的课程内容和活动时常带有一定的滞后性，导致职业教育人才与社会需求的可靠性之间存在一定的差距。

二是职业教育发展难以满足社会对高质量就业教育的需求。首先是规模不能满足需求。按照 2016 年人社部、工信部发布的《制造业人才发展规划指南》显示，至 2025 年，中国制造业十大重点领域人才的缺口将接近 3000 万人[3]。除

[1] 徐国庆 . 中等职业教育的基础性转向：类型教育的视角 [J]. 教育研究，2021，v.42；No.495（04）：118-127.

[2] 朱成晨，朱德全 . 以 "变" 制 "变"：职业教育质量治理的 "三大逻辑" 转向 [J]. 教育与经济，2018，No.141（01）：5-7.

[3] 教育部，人力资源和社会保障部，工业和信息化部 . 关于印发《制造业人才发展规划指南》的通知 [EB/OL].[2022-02-24].http://www.gov.cn/xinwen/2017-02/24/content_5170697.htm.

制造业外，经济转型升级中的服务业、数字化产业等都面临着转型升级所带来的新型技术技能型人才需求不是问题。其次是职业教育人才培养结构不能满足需求。重点体现为供需对接不平衡、区域分布不平衡、素质能力结构与社会需求脱节。[1] 再次是学生参与职业学习的自我效能度不高，学生个人需求得不到满足。由于缺乏高质量的教学、与社会需求对接的学习任务和基于成效为本的评价，职业教育学习者的学习积极性普遍不高，学习期待、学习过程调控能力等也存在一定的缺陷，特别是面对与自身就业相关不大的通识课程学习时，学习参与效率低下。

三是职业教育整体发展水平还处于较低状态。职业教育的发展水平通常与行业的发展密不可分，主要是通过行业发展需求、行业要求与规范以及具体行业内岗位的技能与素质要求决定了职业教育发展的程度。在国内提出"双循环战略"之后，经济发展转型升级的速度明显加快，尤其是工业机器人、数字化制造等高新技术的深层次利用，为行业的发展塑造了良好的基础，传统的生产企业与服务企业的边界被消解，行业之间快速转向跨界融合，产业转型从"启蒙"逐渐转变为"沸腾"模式，导致职业标准和人才培养标准相对滞后，跨界能力和知识整合能力不强，教学模式与评价方式与职业教育内在逻辑不匹配，课程结构单一，创新创业教育缺乏系统支持，学习氛围较差，学生主动学习意识不足，自主学习能力不强等问题暴露，与行业发展水平相比相对滞后。

二、评价改革：职业院校高质量发展问题破局的逻辑要义

职业教育高质量发展是内在动力和外在动力共同作用的结果。从近年来职业教育的发展看，国务院和地方政府密集出台职业教育相关政策，为职业教育发展提供源源不断的资源，特别是国家确定了类型教育和探索职业教育以来，职业教育的内外动力都得到长足发展。然而，一系列密集的改革也导致了职业教育办学过程中的混乱现象，职业教育的参与者为了获取资源、利益、成果，担心错失参与改革的机遇现象明显，致使始终没有找到目标一致化、内容协同化、效果叠加优化的改革路径。通过评价改革，破解现有职业教育发展僵化、"事后"修正模

---

[1] 和震，柳超. 职业教育规划需要人才需求预测的优化 [J]. 现代教育管理，2021（1）：85-91.

式等带来的质量差距，从而系统推进职业教育立德树人，最终实现职业教育的高质量发展。

（一）通过建立评价标准来引领职业教育高质量发展

教育评价是对教育现象做出价值判断的过程[1]，评价的起点是标准。教育评价的标准是由教育评价的特征决定的，教育评价也不是依托固化的标准形成的定量刻画，而是包括了定量描述、定性描述和价值判断等三个方面[2]。因此，教育评价标准的建设并不是简单地量表开发，而是一系列定量描述、定性描述和价值判断的总和。通过体现公平性、内容系统性、评价有效性、操作科学性的职业教育高质量发展的标准体系建设，形成职业教育高质量发展的认知、程序和策略，是促进职业教育高质量发展的有效手段。首先，通过评价标准改变对职业教育认知。对职业教育内部而言，职业性与教育性的逻辑共生表达始终是一个难题，通过高质量发展标准，从职业教育适用性、需求满足性、发展层次性等方面建构标准体系，提升职业教育工作者对职业教育的课程开发、活动设计、教学实施、教学评价以及学习场域空间建构和校企合作关系建构的认知。在外部，通过职业教育高质量发展标准形成与企业、行业等的深层次交互，建立职业教育形象，系统建构职业教育独有的质量概念，促进职业教育外部认知环境的变化。其次，通过职业教育高质量发展标准引领教学建设。高质量教学建设是高质量发展的核心，重点是通过课程建设与教学方式变革，形成符合职业教育高质量发展要求的教学建设体系。评价标准需要系统、科学描述职业教育的人才培养过程要求，通过输入、过程和输出三个环节的质量要求，系统引导职业教育教学建设的目标、内容和支持保障体系建设，实现教育系统与职业教育高质量发展标准的协调。再次，通过职业教育高质量发展标准引领教育保障体系建设。高质量发展的支撑是高质量的保障，高质量的保障并不是简单的资金和条件保障，而是形成资源的优化配置机制，使资源发挥最大的效率，提升职业教育高质量发展的保障水平。高质量发展标准体系通过观念上对高质量

[1] 范涌峰，宋乃庆.大数据时代的教育测评模型及其范式构建[J].中国社会科学，2019，No.288（12）：139-155+202-203.

[2] N.E.格朗兰德.教学测量与评价[M].郑军等编译，石家庄：河北教育出版社，1991：4.

教育体系的描述，形成支持高标准发展的质量体系建构，引导职业教育按照标准开展建设工作，挖掘资源的效率，以最大化能效比支持职业教育高质量发展。

（二）通过评价机制赋能职业教育高质量发展

评价改革需要建立一个落实标准的运行机制，是职业教育评价改革的载体，承载高质量发展标准所蕴含的内容和活力。评价机制的核心主要是通过分权模式、评价平台和评价运行系统的建设，形成多元主体参与的系统，为职业教育高质量发展赋能。首先，通过评价分权模式的确定激活多元主体参与职业教育的积极性。职业教育的高质量发展涉及"政行企校地"的多元协同，其中最为核心的是校企合作育人，尽管经过多年的校企合作机制建设，但校企合作与工学结合的模式还没有形成长效机制，核心问题是利益难以协同，问题在于校企双方对人才理解和话语表达渠道不健全。通过评价改革，扩大企业、学生等多元主体在教育评价中的话语表达渠道和权利，形成多元主体参与教育评价的模式，是解决校企等多元主体参与合作育人动力问题的激发方式。其次，通过评价规则的建设，支持多元主体按照高质量发展的要求嵌入到职业教育人才培养过程。职业教育在我国还没有形成完整的体系，包括师资、课程、教材、教学模式等都没有建立成熟的模式，缺乏系统性的理论与物质支撑。评价改革通过融合职业教育高质量发展需求的标准体系建构，引导职业教育体系按照职业教育人才培养的内在逻辑开展系统建设。同时，在建设过程中通过不断地反馈，进行标准的检验。再次，通过评价改革建立相互配合的人才培养系统。在职业教育从粗放发展转向内涵发展的过程之中，通过评价改革将多元主体纳入其中，系统梳理职业教育人才培养环节中的相互联动的关系，进行系统性质量治理。

（三）通过评价过程推动职业教育高质量发展

在高质量发展的整体形态下，与高质量发展相悖的行为仍旧大量存在，比如为得到项目而开展的"数据办学""键盘办学"、为迎合特定需要的"框架合作"、为获取资源而开展"纸面建群[1]"、为获取短期技能大赛奖励而集中培训、

[1] 林克松，曾欢.隐藏的秩序：高职院校专业群建设的悬浮表征与落地路向[J].高等工程教育研究，2021（06）：121-126.

为迎合企业人才升级要求而不断提升人才标准、为获取教学评价的学生满意度放弃课堂教学质量管理等，这些行为的产生与职业教育高质量发展相悖，也得不到科学的评价体系予以约束，特别是国家项目强调的标志性成果，更是加大了这种行为的产生。系统性的评价过程是规制职业教育高质量发展的有效手段：一是通过办学评价制约职业教育办学行为，规范职业教育的整体发展。办学质量评价通常着力于资源的投入评价，通常包括外部评价和内部评价，外部评价指的是社会人才需求状况、政策环境和办学资源等方面的评价；内部评价指的是办学过程中保证办学质量所需要的基础条件，制约职业教育的基本办学条件，比如工程教育通常规定了师资、实训实验条件、场地等输入端相关的资源，确保办学资源能满足职业教育高质量人才培养的需要。二是通过教学评价促使职业教育教师围绕更好的教与学开展教学改革和教学建设。职业教育高质量发展的最大战场在课堂，围绕高质量的课堂教学需要建立符合高质量标准的课程、开展高质量的教学设计、实施高质量的课堂教学、组织高质量的教学评价等，教学评价能有效规制这些行为，使之不能偏离轨道。比如关注学习者在学习过程的增值评价改革能促进教师关注学习者个体学习，促使教师更多思考因材施教的问题。[1] 三是通过嵌入教育教学全过程的评价，规制办学主体以现实为基础开展学校办学质量治理。通过过程性、系统性、科学性的评价体系改革，提升了办学主体在教学过程的控制能力，也约束相关利益主体的"盲目扩张"甚至"吹嘘扩张"的行为，同时减少"事后修复"带来的新问题。四是通过教学评价促进职业教育合理考量社会新技术、新方法、新模式等在职业教育中的表达。职业教育是需要与外部环境互动的教育形式，需要及时吸取新内容来完善、补充、替换过往教学内容，使之适应社会的发展，评价机制一方面引导教师关注行业新需求，一方面要考虑学生、资源的支持状态和职业教育自身规律，合理引入新资源。

（四）通过评价效果激励职业教育高质量发展

激励是通过各种与利益相关者的手段和措施运用，促使利益相关者调动资

---

[1] 周继良，吴肖，匡永杨.高校学生学业增值评价：基本属性、现实困境与实践理路[J].现代教育管理，2021（12）：9-18.

源和积极性，使整个体系快速运转和优化。激励的核心内容通过评价效果激励职业教育高质量发展指的是通过短期、中期和长期的成效反馈，以提高人的思想觉悟、带动人的改进动力以及调剂资源来调动人的积极性的方法。从短期来看，评价改革的即时性、科学性、系统性等表征，能促进职业教育利益相关者关注资源调整和方式变化带来的短期成效，比如关注学习者增值程度的评价能迅速观察到通过自身教学设计变化，促进学习者积极投入教学过程。从中期看，评价改革可以助推整个局域环境的优化，对课程、教学方式、教学空间等形成较为广泛的改善，比如推动教师教学的评价改革，可以促进整体教学团队对教育教学的关注，从而改善职业教育发展的环境。[1] 从长期来看，评价改革可以优化职业教育的外部形象，改变社会对职业教育是"低水平层次教育"的刻板印象，促进职业教育获取更多的社会资源，形成高质量发展的可持续状态。同时，职业教育内部因为科学评价的嵌入，使资源投入关键领域和核心区域，促进高质量发展。在一定程度上，职业教育缺乏对社会主义文化的认同，在社会中，将从事技术技能型职业当作"下等职业"的文化观念没有得到基础性的改善，这和职业教育人才培养质量不高，获取社会身份和社会资源的能力不强有一定关系。通过评价改革，展示职业教育在提升社会活力、促进经济发展转型升级、促进社会流动和提高生活水平的能力，进而优化职业教育的整体生存环境。

毫无疑问，职业教育高质量发展是当今乃至很长时间我国职业教育发展的核心议题，也是职业教育类型化过程中要坚持的重要抓手。职业教育评价改革是职业教育类型化探索的重要组成部分，是引导职业教育实践的"指挥棒"。在"破五唯"的大背景下，充分挖掘职业教育评价改革对职业教育高质量发展的意义，支持从理论与实践两方面探索职业教育评价是引领职业教育高质量发展的核心议题。但职业教育评价改革需要形成适应职业教育类型特色的评价主张、理念、操作方式和评价机制，进而实现评价改革与质量优化的同向并进，进而实现职业教育评价的专业性、独特性和客观性是一件非常系统的工程，需要职业教育工作者的深入探索，也是本研究团队下一步跟进的研究主题。

[1] 张倩.从资源配置到制度安排——国际比较视域下的教师减负 [J].教育研究，2022，43（02）：29-43.

三、多维建构：职业教育温暖服务型人才培养评价的体系创新

在智能时代与产业变革交织的历史方位下，本书立足《深化新时代教育评价改革总体方案》《关于推动现代职业教育高质量发展的意见》等政策导向，以第五代评价理论为核心框架，融合场域理论、职业发展理论等多学科视角，构建起政策驱动、理论创新与实践探索三位一体的研究体系。

（一）政策维度：响应国家战略的评价体系重构

本书深度回应《国家职业教育改革实施方案》中关于"推进职业教育评价改革"的要求，将温暖服务型人才评价体系纳入国家文化数字化战略行动框架。通过数字化转型驱动评价标准重构，突破传统"纸笔评价"的局限性，构建"职业核心能力—职业素养—社会价值"三维指标体系，既符合《悉尼协议》工程教育认证标准，又体现我国"德技并修"的育人要求。研究提出的"增值评价""过程性评价"等理念，为落实《中华人民共和国职业教育法》中"建立健全职业教育质量评价制度"提供了可操作的解决方案，推动职业教育评价从"效率导向"向"发展导向"转型。

（二）理论维度：多学科融合的评价范式创新

本书突破工具理性局限，以第五代评价理论为基础，结合布迪厄场域理论与舒伯的职业发展理论，构建起"温暖服务型评价"的理论模型。研究揭示了职业教育评价中"价值异化""结构异化"等深层矛盾，提出评价应回归教育本质，关注学生职业人格塑造与可持续发展能力培养。创新性地提出"立体评价"概念，强调评价的动态性、多维性与人文性，为破解传统评价的"结果依赖""标准化陷阱"提供了新的理论视角，丰富了职业教育评价理论的内涵。

（三）实践维度：数字化赋能的评价生态重构

本书以职业教育数字化转型为契机，通过实证研究与案例分析，能够验证信息技术对评价改革的支撑作用。研究构建的"成长档案袋""AI学情分析系统"等数字化工具，实现了学习轨迹全记录与能力短板精准识别，有效解决了传统评价的"结构异化"问题。提出的"多元主体协商机制""伴随式反馈制度"

等实践策略，为职业院校提供了可复制的评价改革方案，推动校企合作、产教融合向纵深发展。通过深圳职业技术大学等院校的试点实践，本书证明温暖服务型评价体系能够显著提升学生职业素养与教师教学效能，为职业教育高质量发展注入新动能。

　　本书通过政策、理论与实践的多维互动，构建起具有中国特色的职业教育评价体系，既回应了国家战略需求，又为职业教育评价改革贡献了"中国方案"。在智能时代和职业教育变革的浪潮中，这不仅是一部学术著作，更是一份推动评价改革落地的行动指南，为培养适应产业升级的温暖服务型人才提供了制度保障与实践范例。

CONTENTS **目 录**

第一章
指向职业教育温暖服务型
人才培养的立体评价概述

梁启超指出："一般人看来不成问题的，自己可以发生问题，能够发生问题，即做学问的起点；若凡事不成问题，那便无学问可言了。"[1] 其实质问题是一切研究的逻辑起点。因此，本部分主要在研究问题的基础上，进而分析研究意义、核心概念、已有研究现状以及理论基础。

一、研究问题：智能时代下职业教育服务型人才怎么评价

何为研究问题？应然与实然之间的矛盾性、现实与理想之间的差距性即为研究问题。在全方位谛视的基础上，具体提出和探索本研究的问题，即新质生产力导向的职业教育服务类人才发展指向、缺乏"温度"的职业教育人才培养"纸笔"评价、新一代评价改革亟待职业教育的实践回应以及指向个性发展的服务业人才培养的内在要求等。

（一）新质生产力导向的职业教育服务类人才发展指向

新质生产力是产业深度转型和经济模式创新发展催生的先进生产力质态，是我国抢占未来竞争制高点和构建国家竞争新优势的新赛道，[2] 而加快培养新

---

[1] 梁启超. 人文心语录 [M]. 成都：四川文艺出版社，1998：282.

[2] 马君，郭小丽. 职业教育赋能新质生产力的基本逻辑、作用机制与实践路向 [J]. 高校教育管理，
2025（02）：76.

质人才，创新人才培养模式，优化人力资源配置，提高人才培养质量[1] 则为新质生产力发展提供着有力支撑。从党的二十届三中全会，到习近平总书记在新时代推动东北全面振兴座谈会以及中央经济工作会议，其背后无不折射出国家对新时代人才培养质量的迫切需求，以及加快中国式教育现代化有效运行的执行力。在此背景下，职业教育作为培养服务型人才与服务强国建设的主力军，及时有效地对接新质生产力发展需求，并探索与之匹配的新质服务类人才培养指向，是回应新时代生产力跃迁的必然要求和内在之义。

概言之，新质生产力导向的职业教育服务类人才发展指向创新思维、理实共生、互动合作以及供需平衡四方面。具体来说，一是创新思维是职业教育服务类人才发展指向的核心要义。新质生产力的创新特质决定了职业教育服务类人才必须具有创新意识、创新观念以及创新思维，使之能够较为敏锐地捕捉到服务型产业发展的进阶取向、未来岗位需求的发展态势以及自身服务可能具有的特色性等。此外，职业教育服务类人才发展更要有突破自我的思维意识，敢于在服务岗位上对知识结构和行动策略进行重构，在不断创新中发展新的能力，进而为破解系列新质难题提供动力。二是"理实共生"是职业教育服务类人才发展指向的基本前提。在职业教育领域，服务类人才发展的理论知识（如专业知识、服务型产业发展趋势以及相关的社会服务知识等）和实践技能（实习真实场景、实训操作技能等）体现了两者共生的深层次逻辑，它是推动职业教育高质量"内涵式"发展，实现学生应用性价值和实用性价值双向互通的重要途径。可见，新质生产力导向下，理实共生既利于学生形成系统化和全面化的专业理解，同时也能够为其参与服务学习以及终身学习等奠定了坚实基础。三是供需平衡是职业教育服务类人才发展指向的方向目标。顾名思义，新质生产力导向下所引发的社会需求，对职业教育服务类人才供给提出了更高的现实要求。现阶段，新型服务行业，诸如生产性服务业、金融服务业、高端服务业以及战略性新兴服务业等蓬勃发展，对服务创新水平与能力有了更高的诉求。这就要求职业教育加强与诸多企（行）业建立合作伙伴关系，并依据现实服务行业需求，及时调整人才培养内容及方案，使人才供给更加契合社会岗位的需求。四是产教融

[1] 申国昌，姬溪曦.高等教育赋能新质生产力的价值、逻辑与路径[J].湖南师范大学教育科学学报，2024（10）：17.

合是职业教育服务类人才发展指向的共同目标。产教融合旨在共生环境中搭建职业教育体系与产业服务的连接，实现人才资源、信息资源以及物质资源等要素的互补与共享。这种产教融合模式既有利于提升职业教育高质量和培养服务类人才，同时也对促进产业升级与转化具有重要的意义。在新质生产力导向下，产教融合通过多维度、多层面地协商合作与互联互通，使之形成一种促进技术创新和服务创新的强大支撑力。如职业院校服务类人才培养能力与市场需求相结合，不仅能够提高职业教育人才培养的有效性和针对性，同时还能推动相关服务产业的发展和经济增长。

（二）缺乏"温度"的职业教育人才培养"纸笔"评价

职业教育作为应用型人才和实践型人才的重要培养阵地，保障高质量人才培养是其教育效能的重要体现，故对人才培养质量开展科学化以及系统化的评价至关重要。2020年10月，中共中央、国务院印发的《深化新时代教育评价改革总体方案》提出："探索开展学生各年级学习情况全过程纵向评价、德智体美劳全要素横向评价。"[1] 在此背景下，职业教育人才培养评价"通过客观的资料收集，采用合理的评价方法，以既定的评价指标为依据，对特定对象的教学实践的结果进行系统性评价"[2]，进而实现"标准化"模式向"差异化"模式的转变。然而，现阶段由于传统人才培养的"纸笔"评价模式仍占据着主导地位，其背后归因于职业教育人才培养评价理念缺乏"完整性"、职业教育人才培养评价特质缺乏"应用性和实践性"等，使得职业教育人才培养在专业能力和水平方面与其社会经济的高质量发展间存在着"迟滞"现象，从而导致了我国职业教育缺乏"温度"。

具体而言，在职业教育人才培养评价理念缺乏"全面性"方面，职业教育评价技术并非当前所面临的主要问题，而是人才培养评价背后的理念出了问题。受我国行政管理模式以及传统教育教学方式的影响，职业教育人才培养模式往往采用"纸笔"及"卷面"考试进行定量评价，着重于人才培养评价的一般趋

---

[1] 中华人民共和国中央人民政府.中共中央 国务院印发《深化新时代教育评价改革总体方案》[EB/OL].[2020-10-13]（2025-02-10）.https：//www.gov.cn/gongbao/content/2020/content_5554488.htm

[2] 郭华.新常态下职业教育质量评价的价值取向研究[J].职教论坛，2016（10）：83.

势及共性，这不仅违背了学生全面化发展以及个性化发展的智能结构，同时以实体思维解读评价结果和评价过程，其客观性以及精准性也会大打折扣。可见，这种偏离教育评价的本质意蕴及理念，必然无法满足新时代职业教育发展的多元化诉求。在职业教育人才培养评价特质缺乏"应用性和实践性"方面，现代职业教育以培养应用型人才和实践性人才为旨归，强调综合素养、创业能力、专业化技能、工匠精神和团队合作精神等全面化发展。因此，人才培养评价标准应更加注重"职教性"的特质，并能够真实地反映出学生理论和实践能力。然而，现阶段职业教育人才培养往往采用"标准化"方式嵌入评价之中，即注重理论知识的考核（传统"纸笔"考试占比较高），较为忽视实训操作、社会服务以及企业实习等方面的评价，这种评价特质严重违背了职业教育的本质，破坏了职业教育人才培养质量。

（三）新一代评价改革亟待职业教育的实践回应

2020 年 10 月，中共中央、国务院印发《深化新时代教育评价改革总体方案》指出："教育评价事关教育发展方向，有什么样的评价指挥棒，就有什么样的办学导向。"[1] 该方案吹响了新时代教育评价系统性综合改革的号角，为今后我国教育评价改革描绘了美好蓝图并提供了根本遵循，它强调发挥教育评价的导向调控、监督检查、诊断改进等功能，突出了教育评价改革在扭转不科学评价导向、全面深化教育领域综合改革中的治理功能与牵引功能。[2] 职业教育作为国民教育体系中的重要组成部分，肩负着主动服务社会经济发展及提升产业能力的职责，新一代职业教育评价改革在"范式上"的思想变革以及"程序上"的实体改革成为深化职业教育高质量发展的必然要求。

明确新一代评价改革的基本逻辑，职业教育既要回应立德树人的根本标准、突出社会服务与办学特色的内生逻辑等，还应结合新时代高质量发展阶段对职业教育提出的新要求，彰显多元主体评价的生态格局。具体而言，一是坚守立德树人的根本标准。一方面，紧紧围绕"立德树人"这一根本目标作为评价职

[1] 中华人民共和国中央人民政府. 中共中央 国务院印发《深化新时代教育评价改革总体方案》[EB/OL].[2020-10-13]（2025-02-10）.https://www.gov.cn/gongbao/content/2020/content_5554488.htm.

[2] 朱德全. 新时代教育评价改革的强国逻辑 [J]. 湖南师范大学教学科学报，2023（06）：1.

业教育的标准。在新时代背景下，立德树人作为职业教育的核心要义，要牢记为党育人、为国育才的使命，并将人的全面发展作为主线，贯穿职业教育评价改革的各个层面，即无论是在微观层面（如学生、教师等个体的评价），或者中观层面（如职业院校主体的评价），还是宏观层面（如整个职业教育"系统"的评价）等，以此来实现科学育人目标。另一方面，强调学生的"德技并修"，培育服务型人才。职业教育的培养目标和培养方案决定了职业教育要遵循技能型人才成长和"育人为本"这两大规律，并致力于立德树人与服务社会高质量发展并重的原则，以培育服务新时代社会经济发展的适用性人才为己任，使学生具备正确的理想信念、道德品质以及道德人格等核心素养，同时又具备较高的专业化技能水平和能力，进而成为"明大德""担大任"的时代新人。二是突出社会服务与办学特色的内生逻辑。在纵向方面，推动普通教育与职业教育融会贯通，突出其社会功能评价。着力推动不同层面纵向的互通式"立交桥"模式，同时也要包括同一层面间横向的"螺旋环接"模式。此外，要积极探索资历框架，有效推动普通教育与职业教育学习成果的互换与认定，切实形成"凭能力"的职业教育评价体系。在横向方面，推动职业教育"知识－能力－素养"相互兼容的评价机制，突出办学特色评价。职业院校要实行"专业技能＋文化素质""升学＋创业就业"等不同模式，以此形成内在逻辑协同共生发展的网络结构。三是彰显多元主体评价的生态格局。在职业教育进入"提质培优"的全新发展阶段后，高职院校要实现内涵式发展，[1] 必须彰显多元主体评价的生态格局。在政府评价方面，在贯彻党和国家教育政策方针基础上，积极发挥政府导向性、科学性以及操作性的功能及作用，推进职业教育从"外部"改革向"内部"改革的转变，优化和督促职业院校的内部治理结构（如服务社会能力、满足社会需求以及育人质量等）；在学生评价方面，重点关注高职院校"三教"改革落实情况，重点评价学校"双师型"师资配备等，侧重通过学习主体的现实感受、技能证书取得率、真实就业率等方式直接说明教育质量。[2] 在企业评价方面，主要对职业教育所培养技术技能型人才水平和能力进行评价。反之，将

---

[1] 夏涛，赵秦 . 新时代高职院校教育评价改革推进的理论指导与实践路径 [J]. 教育与职业，2023
（12）：65.

[2] 尹成鑫，李红 . 职业院校质量评价的现实困境与改革路径 [J]. 教育学术月刊，2023（05）：101.

企业岗位标准引入职业教育评价标准之中，从而实现职业教育评价的"协同增效"作用；在第三方机构评价方面，主要侧重于综合性评价，即对职业院校的评价（如学校影响力、办学思想等）、学生的评价（如学生就业、学习满意度等）、教师的评价（如教师工作满意度、专业能力等）以及企业的评价（如员工表现、创新能力等），从而助力职业教育多元利益主体在公正、客观的基础上开展系列活动。

（四）指向个性发展的服务业人才培养的内在要求

个性化发展是一种注重发挥学生潜能、承认差异、重视个性、发展个性，促进学生个性、全面、和谐发展的教育活动。它的实质是以受教育者的个性差异为重要依据，让每一个学生都找到自己个性才能发展的独特领域，以及以个性充分发展、人格健全为目标的教育。[1]2011 年 7 月，国务院印发《国家中长期教育改革和发展规划纲要（2010—2020）》指出："树立多样化人才观念，尊重个人选择，鼓励个性发展，不拘一格培养人才。"[2]2012 年 3 月，教育部出台《关于全面提高高等教育质量的若干意见》，该《意见》在《规划纲要》的基础上，再次细化了个性化人才培养的要求。2015 年 10 月，国务院印发《关于印发统筹推进世界一流大学和一流学科建设总体方案的通知》指出，要大力推进个性化培养。此后，2018 年 9 月和 2020 年 10 月，相继颁布《关于加快建设高水平本科教育全面提高人才培养能力的意见》和《深化新时代教育评价改革总体方案》两部政策文件，均为个性化教育及发展的有效实施指明了方向。2022 年 10 月，党的二十大报告明确指出，教育、科技、人才作为全面建设社会主义现代化国家的基础性以及战略性支撑，其背后所蕴含着的个性化发展将成为我国教育的重要特征。由此可见，我国教育改革发展取得了一系列新成就，一组组亮丽的数字标志着基础教育普及程度、公平程度和质量的实质性提升。回顾这十年，如果聚焦教育内部的微观生态，其最具有深远意义的进展，就是教育的"个性化发展"。[3]

[1] 唐善茂 . 创新人才培养应注重个性化发展与多样化 [J]. 中央社会主义学院学报，2006（03）：56.

[2] 中华人民共和国教育部 . 国家中长期教育改革和发展规划纲要（2010-2020）[EB/OL].[2010-07-29]（2025-02-10）.http://www.moe.gov.cn/srcsite/A01/s7048/201007/t20100729_171904.html

[3] 王烽 . 以个性化培育实现高质量发展 [J]. 中小学管理，2022（10）：42.

目前，总体上我国教育可分为三种类型，即应用型、研究型以及职业技能型。其中，应用型高校侧重于行业技术复合型人才培养；研究型高校侧重于学术研究创新以及学理知识创新的人才培养；职业技能型高校则侧重于实践知识以及技能一线型人才培养。而服务业人才培养正是基于职业技能型高校的个性化选择，并集中反映在职业教育服务业人才培养方案以及培养过程两大方面。一是基于服务业人才培养定位和方案的个性化。在定位上，服务业人才培养定位是对培养目标、培养任务以及培养方向等界定性描述，既是"怎么培养人"的根本性前提，同时也是回答"培养什么样的人""为谁培养人"的根本性问题，服务业人才培养定位应立足于国家战略发展及产业需求，体现高层次服务型人才培养，突出理论与实践的高层次，使学生未来能够从事服务业相关领域的工作以及新技术研究和新产品开发等，从而推动产业升级与科技创新。在培养方案上，在培养定位的基础上，指向个性发展的服务业人才培养要实现"N+1"模式方案，即"N"是综合技能型培训，凸显实效性、实用性以及服务性，彰显学生个性化发展；而"1"是服务业相关领域内的专业基础知识结构。通过"N+1"模式，使学生掌握专业化理论知识的同时，也能培养学生岗位技术技能，并向专业知识技能的服务型方向发展。这种紧跟现代化市场和岗位需求的人才培养模式，在很大程度上不仅激发了学生的学习兴趣，而且也促进了学生个性发展。二是基于多元化课程体系的个性化。指向个性发展的服务业人才培养的课程体系既要有共性，又要有个性。一方面，服务业课程体系要遵循"市场需求"为导向，因此课程要具有操作性和灵活性等，可以采用交叉学科和跨学科结合的方式，制定个性化的课程选修制度，引导学生积极参与课外实践活动以及社会实践活动等，进而促进学生全面而个性的发展。另一方面，由于服务业人才培养的特殊性，因此其课程体系必须突破传统的专业学科界限，为学生提供特有的方式来选择和组合自己的专业知识，使之形成个性化、全面化以及系统化的知识结构和实践向度。

二、研究意义：智能时代下职业教育服务型人才的评价取向

聚焦指向温暖服务型人才培养的评价数字化转型研究，既是顺应职业教育人才培养主动对接现代服务业转型升级的内在需求，同时也是数字赋能职业教

育高质量发展的本质要求。

（一）理论价值：多学科融合视域下温暖服务型人才培养评价体系的理论创新与系统化建构

第一，推动温暖服务型人才培养的理论拓展。温暖服务型人才培养的评价数字化转型是一个复杂性、整体性以及动态性的理论命题，必然关系着"多元主体、技术理性、评价体系、社会系统以及温暖服务型人才培养"等互摄关系中的多重概念范畴，如职业教育评价、评价数字化转型、数字化转型、温暖服务型人才等。因此，必然要借助多学科（如教育学、管理学、教育评价学等）的基础理论进行多维视角与多元立场的阐释，因为"任何一种单一的理论视角往往具有不可避免的局限性"[1]，故而必将基于多学科的理论视角和开放的思想，相互借鉴，取长补短，以增强理论的有益指导作用。[2] 本研究在诠释"温暖服务型人才培养的评价数字化转型"的过程中，围绕温暖服务型人才培养的逻辑主线将这些问题关联起来，并将之置于温暖服务型人才培养论视域下进行再解读和阐述，进而在确证中不断丰富其理论体系，增加理论的解释力，彰显其创新特质。"温暖服务型人才培养的评价数字化转型"是响应时代所需、彰显师生所求以及立足现实之需的前瞻性重要议题，是温暖服务型人才培养研究突破既有核心概念范畴，同时也是尝试在评价数字化时代中不断扩展温暖服务型人才培养之逻辑域、问题域以及实践域的理论自觉。

第二，加强温暖服务型人才培养的评价数字化转型研究的系统性。指向温暖服务型人才培养转型作为系统化的变革性实践过程，它是开辟职业教育发展新赛道和新优势的重要突破口，对于温暖服务型人才培养的评价数字化转型的研究始终要归于体系化的建构和系统化的诠释。转型实践始于"0—1"的数字化创新，这昭示着本研究首先应从数字化技术嵌入展开相关理论的分析，以此来论证数字技术对温暖服务型人才培养的评价数字化转型的"赋能"前景。在此基础上，转型实践要实现"0—100"的系统化变革过程，意味着发展要朝向

---

[1] [美] 罗布·斯道斯. 核心社会学思想家（第三版）[M]. 姚伟，李娜，译. 上海：上海人民出版社，2020：62.

[2] 侯怀银. 中国教育学之路 [M]. 合肥：安徽教育出版社，2009：374.

更高层次、更高水平的跃迁，意味着温暖服务型人才培养要向着现代化、科学化以及多元化的方向发展。因此，本研究以"指向温暖服务型人才培养的评价数字化转型"为题，试图在内容与体系完整性、角度与维度全面性、思维和逻辑清晰性的理论分析中回答诸如"教育评价数字化时代需要什么样的温暖服务型人才""如何在评价数字化场域下构建温暖服务型人才培养的有效性""温暖服务型人才培养的评价数字化转型的路径选择"等问题，并进一步对其相关概念范畴、理论基础以及评价内容等进行准确把握和认识，通过串联相关主题内容，形成对学界既有相关研究的全面化和系统化的梳理，以呈现"温暖服务型人才培养的评价数字化转型"的整体图景，试图帮助后续相关研究能够按照"点""线""面"的知识地图方式来寻找自身研究的理论关切点。

（二）实践价值：数字化转型背景下温暖服务型人才培养评价的实践范式构建与策略指引

第一，为温暖服务型人才培养的评价数字化转型指标体系构建提供实践范式及学理参考。温暖服务型人才培养的评价数字化转型是一个不断调适且迈向善治的发展过程。温暖服务型人才培养的评价数字化转型研究的整体逻辑结构亦可视为温暖服务型人才培养的评价数字化指标体系的另一种形态或表达，其中关于核心概念的意涵解析是对本研究核心议题的前提性及原本性的追问，诸如职业教育评价、评价数字化转型等。从知识论和方法论视角出发，对转型过程中所能呈现的"确定性"和"不确定性"的本真样态和现实境况进行前瞻性的分析和思考，并将其纳入相应的人才培养评价指标体系之中，全面化和科学化地界定评价数字化要素融入温暖服务型人才培养的价值旨归、现实形态以及实施效度等测评指数，以此为标准对温暖服务型人才培养的评价数字化转型进行理性反思、理性批判以及理性重组，以期为后续转型实践的持续优化提供重要的有效指引。

第二，为温暖服务型人才培养的评价数字化转型提供实践策略和决策建议。将温暖服务型人才培养的评价数字化转型研究置于一个广阔的视野中进行联动性、整体性以及协同性的诠释定位和理论探讨，其不仅包含温暖服务型人才培养系统的管理制度、要素内容、主体策略以及运行机制的评价数字化转型新图式，还囊括评价数字思维、评价数字逻辑以及评价数字关系等融入的全面性分析，亦涉及着评价数字化要素与职业教育温暖服务型人才培养融合发展中所呈现的现实问题与境遇的全面梳理。可以说，本研究以"内涵式变革"为抓手，较为全面化和理性地探讨温暖服务型人才培养的评价数字化转型中存在的实然困境，为温暖服务型人才培养的评价数字化转型行动方案制定提供了有效策略，进而增强高质量就业教育体系的建设能力。

三、研究思路：以数字技术为支撑的温暖服务型人才立体评价

新质生产力是当今时代先进生产力质态，其三重逻辑特性形成了"技术赋能—系统重构—价值升维"的逻辑进路，揭示了职业教育服务类专业从工具性适应到生态性变革的内在规律。在技术层，数字基底通过算法驱动、数据互联与虚实交互，重塑服务类专业的核心能力生成机制，推动服务类专业流程的智能化改造；在系统层，要素协同催生教育组织形态的弹性化变革，突破刚性组织的结构性约束，构建动态响应的"平台＋模块＋项目"教育生态系统；在价值层，人本导向重塑职业教育的终极目标，追求职业教育价值坐标从"工具理性"向"发展理性"的升维，不仅体现为对学习者个性化需求的尊重，更在于重构"技术—职业—生命"的意义联结。

新质生产力赋能后职业教育服务类专业转型发展，以"技术赋能—系统重构—价值升维"为逻辑支撑，以动能培育、创新发展为起点，以"生命关怀"为依托，在幸福职教的核心理念引领下，构造"高阶素养目标—智慧教学情景—数智融合技术—未来产业连接"职业教育服务类专业温暖转型方位，以期实现服务类专业转型高质量发展，共享发展成果（如图1-1所示）。事实上，服务类专业温暖转型的最终旨归在于生命正义与生命关怀，让人称之为人，真正培养全面发展的人。

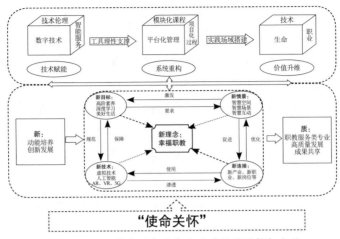

图 1-1 职业教育服务类专业温暖转型逻辑与方位

（一）理念领航：新质生产力赋能职业教育服务类专业走向"人类世"幸福

"人类世"最先在地质学领域提出，指人类活动给地球生态造成巨大改变后开始的地质年代，后来，"人类世"概念扩展到哲学和教育学领域。从"人类世"概念出发，"活得好"是职业教育的本质，与亚里士多德、康德、马克思、杜威、赫尔巴特、黄炎培等先贤关于职业教育的本质不谋而合。幸福职教追求职业教育的价值回归，获得职业教育存在论意义上的"合法性"，关注以"幸福"为底色的职业教育伦理[1]。

"为生民立命"是古今中外职业教育的历史使命。服务类专业在现代社会设立以来，其使命是为公众提供具有社会性、经济性、金融性、服务性等特征的服务，教育理念以培养学生成"器"，关注学生"术"的发展，存在见"物"不见"人"的"冷漠现象"，已然脱离职业教育"成人"的本质目的；其中学生的主体意识和创造精神被忽视，学生发展从"人"的发展被异化成"器"的发展，学生作为人本身的价值意义被漠视，学生缺乏主体性。

在新质生产力背景下，职业教育服务类专业从意义和主体性关照两个层面推动其理念向幸福职教转型。在职业教育服务类专业的意义取向层面，职业教育教师的作用显然，教书与育人的作用同等重要，不仅要关注课程、教材，也

[1] 李小元."人类世"职业教育的人性赋值及教化伦理[J]. 江苏高教，2023（12）：137-141.

要关注科学技术、就业前景、产业发展，更要关注学生的人生发展和价值目标。习近平总书记强调，"要引导教师把教书育人和自我修养结合起来，做到以德立身、以德立学、以德施教"。职业教育教师不仅要在日常教学中做好"教书匠"的工作，更要在学生人生成长与意义追寻中，做好"引路人"工作，在平常的"瓦器"里看到个性不一的"宝贝"，帮助他们觉醒人生意义，真正做"有温度的职业教育"。培养学生不再只是从事简单重复工种的单向度劳动者，而是能不断提升自身修养和追求，在精神、境界和情怀以及意义追问方面，有追求、有想法、有收获，进而成长为有温度、有意义的职业人。在主体性关照层面，教师、学生是最重要的生命主体，以培育人性丰富的新人为目的；统整生活化的内容，推行互动体验的方法，强调评价的多元性、发展性、真实性以及过程性。让每位职业教育学校的师生都能过上幸福、满意的职业教育生活[1]。服务类专业作为职业教育的重要组成部分，理应充分贯彻幸福职教理念，肩负起培养具备完美人格、丰富主体人性的职教学生的重要任务，引导他们在新质生产力时代背景下，不断提升解决问题的能力，从而走向幸福人生。

（二）目标重塑：新质生产力赋能职业教育服务类专业迈向高阶素养

目标在组织行动中扮演聚情和激励作用，对组织的决策和行为进行方向性约束[2]。新质生产力带来的新科技、新产业的飞速发展极大程度地减轻了普通劳动者从事低阶劳动和学习者掌握低阶知识的负荷。高阶思维作为完成复杂任务、解决劣构问题的高级综合能力，更能准确地反映当前教育竞争对创新人才素质的要求[3]，这与新质生产力所强调的培养具备创新能力，能解决"卡脖子"关键难题的应用型、战略型人才不谋而合。因此，新质生产力视域下，对职业教育服务类专业目标迈向高阶素养成为其温暖转型的关键命题。第一，在思维

---

[1] 李莹.互为主体性哲学关照下的现代职业教育生活世界的构建[J].江苏高教，2021，（03）：119-124.

[2] 吴南中，陈恩伦.高校教育数字化转型中的组织适配机制及其建构路径[J].现代远距离教育，2023，（06）：53-60.

[3] 杨蕴佳，李美凤，李文.近十年国内高阶思维研究现状、热点与趋势——基于文献计量与知识图谱分析[J].现代教育技术，2021，31（08）：15-22.

品质方面。高阶思维品质中批判力和创新力是核心要素，能够运用分析、综合、评价等高级认知技能，形成独特见解和解决方案。新质生产力发展过程中强调批判能力和创新能力，以解决各个发展领域的关键核心难题；赋能在服务类专业时指向培养学生在面对产业升级、交叉学科、新兴技术、复杂情景时，能及时把握问题本质、准确解决面临难题。第二，在深度学习方面。深度学习在已有认知结构上的意义生成和主动建构，是"一种基于经验的学习、一种批判性检视的学习、一种理解性的记忆学习、一种反思和监控的学习"[1]。服务类专业学生的培养新方向需要课堂从"教学即传递"的传统观念中走出来，增强学生的自我感受与反思，在各种实践参与中，理解、反思、整合、建构、应用新知识，并在技术赋能的基础上，通过有效的问题解决策略，促进生命健康发展。第三，在美好生活方面。中国式现代化生产力的发展保障人民群众对美好生活的向往和追求，新质生产力的提出从根本上有利于实现社会整体生产力水平提升与人民美好生活需要的满足，能够更好地服务于全体人民共同富裕的发展目标[2]。当前智能时代、数字时代带来快生活、快节奏、快发展的同时，"内卷"迅速席卷生活、职场、教育等多领域场景，掣肘人民美好生活的步调，因此服务类专业的温暖转型目标必然指向美好生活。

（三）情景架构：新质生产力赋能职业教育服务类专业打造智慧场景

新质生产力时代亦是人工智能的时代。《新一代人工智能发展规划》提出，围绕教育、医疗、养老等迫切民生需求，加快人工智能创新应用，为公众提供个性化、多元化、高品质服务[3]。尤其在智慧教育、智慧健康和养老等方面，构建以学习者为中心的教育环境，提升生活质量既是要求又是发展重点，这无不涵盖了职业教育服务类专业的转型发展方向。新质生产力赋能职业教育服务类专业，架构全新智慧情景，实现以智慧教育为抓手、以智慧服务为落脚点，以塑造全面发展的人为目标，真正提升服务类专业的育人实效。由此，在新质

---

[1] 吕林海. 大学生深层学习的基本特征、影响因素及促进策略 [J]. 中国大学教学，2016，（11）：70-76.

[2] 周文，李吉良. 新质生产力与中国式现代化 [J]. 社会科学辑刊，2024，（02）：1-11.

[3] 国务院关于印发新一代人工智能发展规划的通知. 国发〔2017〕35 号 [EB/OL].（2017-07-08）[2024-11-27].https://www.gov.cn/zhengce/content/2017/07/20/content_5211996.htm.

生产力赋能下，服务型职业教育要从智能情景、智慧空间、具身体验三方面实现转型发展。第一，从智能情景转型来看，并非要求教学内容与场地的完全颠覆，而是培养学生运用智能意识、智能思维、智能逻辑去解决在智能情景中遇到的真实难题的能力。例如掌握大数据和云计算技术进行服务需求、情感需求和数据分析等，从而优化服务质量、提升服务成就感和效能感。第二，从智慧空间来看，这是学生深度学习的保障，包括校园基础建设、智慧教室挖掘、智慧资源配置等层面。智慧空间为学习者和教师提供开放、共享、绿色、共生共长的学习环境，在交互性、沉浸性和智慧性方面，满足学生个性学习和高阶学习需求。第三，在具身体验方面，服务类专业的转型发展必须强调具身性，从职业教育人才培养目标角度看，技能技术是核心目标之一，技术技能的开发、应用无法脱离真实的工作场景，在身体、头脑、心智、情景的动态交融互动中，激发学生内在动机和沉浸学习，在体验中建构并生成知识，真正实现深度学习和有效学习。

（四）技术创变：新质生产力赋能职业教育服务类专业融合数智技术

新质生产力推动职业教育持续向数字化进行转型。职业教育数字化转型是一种基于数字技术重塑职业教育新生态的系统性创新发展过程[1]，其实质是实现数字技术与职业教育要素的深度融合[2]。包括教与学的众多方面。第一，教学模式变革方面。传统职业教育服务类专业多采取讲授式、订单式、工学交替、分段培养等模式进行专业课程和实践课程教学，在数智技术融合下，使得教学模式变得更加灵活多样，例如利用 AR、VR 等虚拟技术，在鲜活情景中进行实践操作训练；"用时间去消灭空间"突破教学时空限制[3]，从有限的教学时间向无限的虚拟空间延伸，并且可以针对学生的个性化需求输出教学内容和情景。第二，教学内容创新方面。传统职教服务类专业教学内容侧重服务技能，融合数智技术使得教学内容更加丰富多元。例如，通过大数据分析，精准掌握市场

[1] 朱德全，熊晴．数字化转型如何重塑职业教育新生态 [J]．现代远程教育研究，2022（4）：12-20.
[2] 熊晴．走向人技共生：职业教育教学数字化转型的底层逻辑 [J]．当代职业教育，2023，（04）：19-26.
[3] 中共中央马克思恩格斯列宁斯大林编译局．马克思恩格斯全集（第四十六卷）（下册）[M]．北京：人民出版社，1980：16.

需求和服务趋势，为专业设置和课程开发提供科学依据；通过人工智能技术，模拟真实服务场景，提升学习者服务技能和应变能力。第三，技术价值转向方面。传统职业教育服务类专业的人才培养目标"以服务为宗旨，以就业为导向[1]"，重点在专业技术与实操能力，始终围绕技术与就业的线性思维，一定程度上导致人才培养的异化。新质生产力技术赋能强调转变对技术的态度，在教与学的过程，从单纯工具性技术应用向价值性技术自觉转变，突出人与技术深度融合与共生共长，在教学过程中凸显人的主体地位与尊严价值，使技术更好地为人的全面发展服务，为培养真实的个性化个体服务。

（五）连接未来：新质生产力赋能职业教育服务类专业对接新业态

新质生产力正在以前所未有的速度重塑各行各业新职业、新产业、新岗位不断涌现，职业教育服务类专业积极拥抱新质生产力，培养适应新常态的人才。第一，"四链融合"，即创新链、产业链、教育链、人才链共同构建一个协同共生的生态体系[2]。"按照发展新质生产力的要求，畅通教育、科技、人才的良性循环[3]"，涵盖了对教育发展、科技创新、人才培养、产业融合的一体化要求。这既是职业教育应对外部环境变化、内化专业发展的必然之路，也是国家职教发展的战略部署。"四链融合"教育生态中，教育链与产业链的深度融合是基础[4]。"产"为"教"提供实践样态，根据新产业需求，动态调整人才培养目标、方案、课程、评价等，优化人才质量，适配产业发展新情况。"教"为"产"保驾护航，通过高质量培育人才，向产业、企业输送充满职业热情、具备职业精神、富有职业能力的精准人才。第二，政—校—社—企—家协同。新产业、新业态的发展无法脱离具体社会环境，离不开政府政策扶持、学校培养发展、

[1] 教育部关于全面提高高等职业教育教学质量的若干意见.教高〔2006〕16号 [EB/OL].（2006-11-16）[2024-11-27].http://www.moe.gov.cn/srcsite/A07/s7055/200611/t20061116_79649.html.

[2] 唐林伟，黄思蕾.发展新质生产力背景下高职工科人才培养定位的实证研究 [J].河北师范大学学报（教育科学版），2024（4）：108-117.

[3] 习近平在中共中央政治局第十一次集体学习时强调：加快发展新质生产力 扎实推进高质量发展 [EB/OL].（2024-02-01）[2024-11-15].https://www.gov.cn/yaowen/liebiao/202402/content_6929446.htm.

[4] 叶林茂，张明依.新质生产力赋能职业教育数字化转型的内在逻辑与实践路向 [J].职业教育，2024，23（27）：17-20.

社会营造氛围、企业明确要求、家庭支持贡献等共同发力。多主体共同构建一个创新、协同、开放的发展生态，在多方协同之下，形成有效的教育合力，促进服务类专业在新质生产力的驱动下实现高质量发展。

（六）路径建构：新质生产力视域下职业教育服务类专业转型的实践方略

新质生产力赋能职业教育服务类专业转型是一项系统复杂工程，在"人类世幸福职教"理念引领下，通过新目标、新情景、新技术、新连接构建整体转型框架，进而指向了"生命现象与生命关怀"的职业教育服务类专业的本质追求。为此，需要将"生命关怀"底线一以贯之，构建以"文化—课堂—育人—生命"为脉络的实践路径，逐步推进职业教育服务类专业向数字化、智能化、生命化的温暖转型（如图 1-2 所示）。

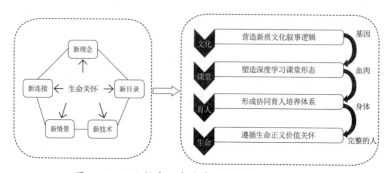

图 1-2　职业教育服务类专业温暖转型实践路径

1. 营造新质文化叙事逻辑，嵌入文化基因

新质生产力既是一种物质生产力，也是一种文化生产力。从马克思唯物史观来看，文化生产力是指进行精神资料生产、提供精神产品和服务，满足精神需求的能力，在这种情况下，精神生产活动及其产品所蕴含的是精神属性[1]。马克思将"已经获得的生产力"与"文明的果实"同等理解[2]，并强调，社会

---

[1] 白羽弘 . 文化领域新质生产力：推动人类文明新形态转化的重要力量 [J]. 党政干部学刊，2024，（09）：27-34.

[2] 中共中央马克思恩格斯列宁斯大林著作编译局，编译 . 马克思格斯全集：第四卷 [M]. 北京：人民出版社，1958.155.

知识在很大程度上"变成了直接的生产力[1]"。由此，新质文化在本质上属于推进人类文明新形态快速演进的重要力量[2]，在文化强国、数字中国、教育数字化转型过程中发挥不可替代的催化作用，在物质富足与精神富足方面不断滋养力量，促进人的全面发展。

在新质文化的叙事逻辑下服务类专业温暖转型的起点是社会生产力的极大发展对职业教育领域的新要求，关键点是培养学生职业意识，终点是促进人的全面发展。首先，保持对先进生产力的敏锐性，保持与社会生产、经济发展的紧密联系。在专业体系内，有意识地在课程设计、评价体系、教学理念等方面全面嵌入新质文化相关观念，为服务类专业温暖转型提供适宜的内外部发展环境，充分认识到新质生产力以及新质文化是服务类专业转型发展的不竭动力，将新质发展理念全方位融入发展过程。其次，增强归属感与认同感。将现代科技精神与职业精神通过专业课程、顶岗实习、校外实践等环节传递给学生，在传统与现代相结合的氛围中，形成既强调技术价值与技术伦理，更强调职业意义与生命追求的独特的文化叙事体系，进而培养具备专业技能又富有社会责任感的服务型人才。最后，将人的全面自由发展理念根植于师生内心。在教与学的过程中，关注学生个性差异和多元需求，尊重学生的主体地位和选择权，关注学生情感需求和心理健康，为学生提供个性化发展支持与多样化学习路径，旨在培养可以应对未来挑战的全面发展的人。幸福职教是服务类专业转型发展的核心诉求，自始至终从人的角度出发，旨在丰富人民精神世界，追求精神自由，体现生命关怀，新质文化生产力思想与马克思使人类最终获得解放的理论宗旨是一致的，都表现出对人的问题的深度关切，这是促进职教服务类专业转型的"文化基因"，是深植于教育体系核心的价值观念与思维方式，是转型过程中的稳固基石。

2. 塑造深度学习课堂形态，适配个性化发展

教学是教育转型发展的风向标和核心驱动力，直接影响转型发展深度与效度，课堂是教学中最为直观的一环，学习是教学中的关键要素，个性化发展是

---

[1] 中共中央马克思恩格斯列宁斯大林著作编译局，编译．马克思恩格斯全集：第四十六卷（下册）[M]．北京：人民出版社，1980.219-220.

[2] 新质文化生产力：人类文明新形态的推进力量 [EB/OL]．（2024-05-15）[2024-11-27].https://export.shobserver.com/baijiahao/html/738457.html.

新质发展的核心追求。因此，需要牢牢抓住"学"的关键词，建构适应新发展的教学质态，形成适切学习者的学习秩序。首先，建构以学生为中心的课堂形态。在这一形态中，以学习者为中心的学习理念被置于核心地位，强调学习者应成为学习过程的积极参与者、互动者、反馈提供者与创新者，课堂不再是教师单向传授知识的场所，而是鼓励学生在专业领域内主动探索、积极实践的舞台。引导学生从"要我学"到"我要学""我想学"的积极转变，并在实践中发现问题、解决问题，形成并实现个人在专业领域内的职业意义，进而实现自我成长与发展。其次，依托智慧平台的深度学习能力。新质生产力为服务类专业转型发展提供强大的技术支持，智慧平台、学习空间是教育领域里显著的建设发展方向，为深度学习的发生提供学习环境和学习工具支持。深度学习强调动态建构知识促进高阶思维、采用多元教与学的方式与策略，以及通过具身认知发展解决问题的能力等，通过增强现实（Augmented Reality）、虚拟现实（Virtual Reality）技术及相关学习资源和工具共同打造的智慧学习空间能够为学习者提供更具情境性、立体化的知识获得体验[1]。不仅能帮助学生更好地掌握知识和技能，还能培养其自主学习、终身学习的能力和意识。深度学习是重塑课堂形态、提高教学质量、实现高质量转型发展的关键。最后，适配个性化发展的自适应学习。这是实现以学生为中心和深度学习真实发生的关键，主要体现在学生学习过程中，在内容双向适配、进度调适、状态支持、反馈等方面[2]，紧贴学生个体发展需求和差异，进而为学生提供适配性的学习路径。课堂是教与学发生的主阵地，是人才培养、教学改革、转型发展的关键环节，在新质生产力的驱动下，课堂形态正在经历深刻变革，深度学习、自适应学习、个性化发展成为课堂形态的题中之义，也是育人质量、学习成效的衡量指标，在培养学生的批判思维、解决问题能力、创新能力等高阶思维和能力方面发挥重要作用，这是促进职业教育服务类专业温暖转型的"血肉"，是其转型发展过程中不可缺少的生命力源泉。

3. 形成协同育人培养体系，实现师生共生共长

新质生产力赋能职业教育服务类专业温暖转型必须在教育体系下进行变革

---

[1] 何克抗. 深度学习：网络时代学习方式的变革 [J]. 教育研究，2018，39（05）：111-115.

[2] 吴南中. 人工智能时代的教学变革：以深度学习驱动课堂形态嬗变 [J]. 课程·教材·教法，2024，44（09）：82-90.

和重组，以适应社会经济结构的调整和产业升级等基于未来社会现实情况对人才的需求，进而培养适应高质量发展的高素质人才。由此，这就需要站在新的历史发展角度，构建一种全新的育人体系，其核心在于尊重每一个学生个体的多元价值。首先，推进心手脑和谐型教师队伍建设。传统服务类专业的"双师型"教师是从时空维度解释其专业角色——传道授业，这种线性角色定位与新质生产力背景下新业态、新产业、新就业等"新场景"不匹配，"新场景"强调场景的多维性和关系性[1]，即时间维度、空间维度和心理维度，其本质是心手脑和谐，要求教师重新建立、维护师生关系，在价值引领、个性指导、心灵呵护、发现天赋、启迪职业志趣等方面重建师生信任。此外，通过具体互动与体验，在"虚实世界"中全新看待学校与政府、社区、企业等的多重关系，在身体—媒介—环境的多维度实现时空共存与意义建构，以爱与理解促成"心手脑和谐[2]"。其次，重构共生共长型课程开发体系。新质生产力视域下，职业教育服务类专业课程设置需要从根本上摆脱效率主义、单向度思维，遵循教育性原则、融通性原则、流动性原则、个性化原则、智能化原则等[3]，转向师生共长、生命成长的课程开发设置模式。促使服务类专业课程设置始终将人的思想和意义放在首位，不断拓展延伸课程资源范围和场景，紧跟生产力更迭速度，灵动创新内容，凸显学生个性和天赋，发展职业兴趣，成就职业意义，在虚拟媒介中强调复杂情景的沉浸体验和问题解决能力培养。最后，构建人工智能观照下的个性化的动态评价机制。充分利用数智技术，在教与学的过程中，实时搜集与分析数据，实时、准确、全面地评价学生发展水平，确保评价的全面性、个性化与发展性[4]。一方面，通过评价实现知识超越，走向"思维比知道重要、问题比答案重要、逻辑比罗列重要"[5]的评价新思维。另一方面，通过评价实现意义超越，人工智能关照下

[1] 徐平利. 场景时代：职业教育的"场景教学"革命 [J]. 江苏高职教育，2021，21（03）：1-7.

[2] 徐平利，李聪莉. 适应新质生产力：中国现代职业教育体系亟待破解五大命题 [J]. 黑龙江高教研究，2024，42（11）：137-142.

[3] 徐平利，李聪莉. 适应新质生产力：中国现代职业教育体系亟待破解五大命题 [J]. 黑龙江高教研究，2024，42（11）：137-142.

[4] 林小红，钟柏昌. 人工智能教育大模型赋能综合素质评价：理念、模型与展望 [J]. 开放教育研究，2024，30（06）：72-78.

[5] 沈书生，祝智庭. ChatGPT 类产品：内在机制及其对学习评价的影响 [J]. 中国远程教育，2023，43（04）：8-15.

的动态评价体系，能实现对评价全过程的统筹，关注学生内在价值追求和全面发展，进而走向幸福。"教师—课程—评价"构建的新生态，是职业教育服务类专业正在逐步完成温暖转型的"身体"重塑，使得教育体系更加贴合时代需求，为转型发展注入新动能。

4. 遵循生命正义价值关怀，顺应"生命之流"

为了适应人工智能时代新质生产力发展要求，现代职业教育服务类专业应把"满足学生对美好生活的追求"作为内在本质诉求，走出效率主义、单向度、异化的人的发展困境，重新审视作为一种"生命现象"的职业教育，进而从容走进幸福职教、生命主义、人的自由全面发展的美好生活。首先，转向生命主义话语体系。职业教育原本就有"生命性"，能够而且有潜力发挥个人和社会的解放作用[1]。"教育即生长""敬业乐群""使无业者有业，使有业者乐业"等职教理念也都涉及"生命关怀"，职教生命主义话语体系本质上是对"我是谁""我从哪里来""我到哪里去""我为什么要到那里去"的价值拷问，摒弃"物化的人"，追求"本质的人"；摒弃"训练"，转向"成长"，真正体现生命活力。新质生产力带来的市场和教育巨变，要求人才培养在生命流动和生命创造中实现价值探索和意义追寻。其次，秉持主体性价值的生命正义伦理。"尊重自主"（respect for autonomy）原则、"不伤害"（nonmaleficence）原则、"有利"（beneficence）原则和"公正"（justice）原则是生命正义伦理原则[2]。在此原则规范下，促使个性鲜明与特质潜力充分展现的"人格主体"，在自由追求、选择与创造中形成的"独立人格"等的形成，从而在教学过程的全员、全要素、全过程等方面实现生命关照[3]。最后，顺应"生命之流"，培养"完整的人"。马克思认为，"人是一切社会关系的综合"，人的发展是"人以一种全面的方式，也就是说，作为一个完整的人，占有自己的全面的本质"；由此看来，人的全面发展包括个性、能力和知识等个体层面，自然素质、社会素质和精神素质等素质层面，

[1] STEPHEN BILLETT.Vocational Education：：Purposes，Traditions and Prospects[M].Spring Dordrecht Heidelberg，2011.

[2] Beauchamp，DeGrazia，T.L.，&David."Principle and Princilism"：Hand book of Bioethics. The Hague，Netherlands：Kluwer Academic Publishers，2004：57.

[3] 许三珍，夏海鹰，吴南中，等 . 重塑生命正义：智慧教学的主体性价值悖论及其消解 [J]. 当代教育科学，2024，（01）：31-44.

以及政治权利、经济权利和其他社会权利的权利层面，这何尝不是人的个性发展和生命发展。马斯洛需要层次理论将"自我实现"作为高级需要，服务类专业的转型发展的根本诉求和本质是实现人的价值和尊严，感受到幸福和美好，向高级需要不断靠近，进而帮助学生成为"完整的人[1]"。

四、理论基础：以第五代评价理论为依托的多理论指导架构

选择适切的理论分析工具已成为研究和解析特定问题的关键。通过查阅大量相关资料，适当借鉴，针对指向温暖服务型人才培养的评价数字化转型的相关研究主要采用了第五代评价理论、布迪厄的场域理论以及舒伯的职业发展理论等理论工具。

（一）第五代评价理论

第五代评价理论对分析温暖服务型人才培养的评价数字化转型提供了一个较为系统的模式，是反思温暖服务型人才培养的评价数字化转型的有力理论工具。

1. 第五代评价理论的阐释

从国际视角来看，评价理论的演进历经了以"测量导向"为特征的第一代评价（19 世纪末—20 世纪 30 年代）、以"描述导向"为特征的第二代评价（20世纪 30 年代—50 年代后期）、以"构建导向"为特征的第三代评价（20 世纪50 年代后期—70 年代末）、以"判断导向"为特征的第四代评价（20 世纪 80年代—90 年代）、以"育人为本、人工智能"为特征的第五代评价（21 世纪至今）。第五代评价理论打破了前四代评价理论难以满足当前教育改革发展的需求，对其中存在"在采纳价值多元化方面的失败"和"过分强调调查的科学范式"等不足进行了批判和反思，[2] 继而提出了"应当以行动研究的方式进行"的第五代评价理论，即主张通过教育中利益攸关方参与的行动研究开展教育评价，

---

[1] 李明.新时代"人的全面发展"的哲学逻辑 [N].光明日报，2019-02-11.

[2] 孙科技，朱益明."双一流"建设评估的现实困境及其超越：第四代评估理论视角 [J].复旦教育论坛，2021（04）：103.

并将教育决策视为评价的一部分。[1]

从现阶段发展来看，国际教育评价理论主要由西方学者所引介，而我国本土生长的评价谱系却仍处于话语权缺位状态。梳理第五代评价理论资料可知，虽然我国已有诸如"融合性评价""智能化评价""数字化评价""立体化评价"等概念表述，但却未能形成理论体系。因此，在新的历史发展阶段，我们应该以《深化新时代教育改革总体方案》为导向，积极主动参与国际第五代评价理论建构，摒弃评价绝对化及片面化的弊端，运用人工智能、大数据等技术手段，实现"价值性与工具性"的统一、"质性评价与量化评价"的统一、"意义建构与数据呈现"的统一等，从而充分彰显智能评价的"育人化""立体化"等特质。具体而言，一是第五代评价理论遵循"育人"共意理念。新时代背景下，教育评价始终遵循以人的现代化为核心，前四代评价理论虽然注重"识人"理念，却忽视"识人"的深度分析与后续跟踪等；而第五代评价理论在"识人"的基础上，更加主张"育人"理念，即在目标任务基础上，实现评价本身的育人、评价引领的育人以及评价服务的育人三者的有机整合，从而全面性地回叩教育本质与原点。二是第五代评价理论注重"人机协同"的共同目标。第五代评价的行动样态远远复杂于前四代评价，更加凸显"发展性""全息性"的立体化评价范式，即主体从"单一化"向"多元化"重组、内容从"静态场域"向"动态场域"扩展、方式实现"人机协同"发展、时间从"阶段性"向"全时段"扩展。[2]

2. 第五代评价理论及对本研究的指导意义

从研究的适切性来看，第五代评价理论用于研究温暖服务型人才培养的评价数字化转型主要体现在如下四个方面。

具体而言，一是前四代评价理论与人才培养的评价数字化转型所面临的问题具有吻合性。2020年10月，中共中央、国务院印发《深化新时代教育评价改革总体方案》，对"唯分数""唯升学""唯文凭""唯论文"以及"唯帽子"等顽瘴痼疾，无论是在"范式上"的变革，还是在"程序上"的改革难有大作为，迭代升级到第五代评价理念为深入反思和解决这些问题提供了理论框架，人才

---

[1] 徐昌和. 中美学校评价比较研究 组织、标准与实施 [M]. 上海：上海交通大学出版社，2016：25.

[2] 陕西省教育科学研究院，陕西省教育厅教学研究室. 评价如何赋能素质教育发展？要着力破解这五大难题 [EB/OL].[2024-02-27]（2025-01-31）.http://jky.sneducloud.com/webArticleAction/toNews InformPage.jhtml?uuid=44eadf7a478d44c88fea

培养的评价数字化转型作为与职业教育培养紧密相关的问题，适合应用这一理论框架进行分析。二是第五代评价理论与温暖服务型人才培养的评价数字化转型在方式上具有相近性。如模糊综合评价是一种运用模糊数学、运筹学等方法，利用模糊变换原理和最大隶属度原则对复杂事务做出综合评判的多因素评价方式。其评价结果不是绝对肯定或否定，而是以一个非线性的模糊集合来呈现。这个模糊集合的实质是"无限可能"，类似怀特海的名言"把思想抛入每一种可能的集合"中的那个"集合"。[1] 温暖服务型人才培养的评价数字化目标中的"人"，是"把过去教育过程中丢失的'人'重新找回来"，[2] 并投入"无限可能"的模糊集合之中，这样的评价才具有现实意义。现阶段，模糊综合评价坚持"育人为本"的评价导向，不仅在学生德智体美劳的整体性评价上得以应用，而且在尊重学生人格的完整性以及发展的差异性上也取得了良好效果，将其用于温暖服务型人才培养的评价中应该是可行的。三是第五代评价理论与温暖服务型人才培养的评价数字化转型在理念上存在契合性。温暖服务型人才培养作为一种当代甚至是未来教育的新模式，其培养目标形态已超越通常意义上的技能化教育或专业化教育。其中，"确定性"与"不确定性"之间存在的"必要张力"构建了温暖服务型人才培养的"可能"与"现实"，而这种"可能"与"现实"的评价结果及过程则难以运用线性化进行评价，这就需要创造一种与其属性相匹配的评价模式。因此，以迭代升级的第五代评价理论为契机，探索一套适合温暖服务型人才培养的新评价模式是极为必要的。四是评价数字化转型为第五代评价理论的有效落实提供了基础。评价数字化转型是当前温暖服务型人才培养的重要背景。评价数字化转型所提供的智能技术方式为温暖服务型人才培养的相关主体提供了诸多参与机会的可能。不仅如此，评价数字化转型还借助网络平台的实时化、可视化、智能化功能，对人才培养过程进行数据挖掘、数据采集以及数据反馈等，为提供全过程、多维度的评价奠定了基础。

[1] 李均，吴秋怡．大学通专融合：源起、模式与策略 [J]．江苏高教，2022（09）：48．

[2] 李栋．赋魅于一个祛魅的教育世界——全面深化教育综合改革的思维范式转换 [J]．教育研究与实验，2018（04）：28．

（二）布迪厄的场域理论

基于指向温暖服务型人才培养的普遍性和特殊性，以分析社会空间关系见长的"场域理论"为指向温暖服务型人才培养提供了独特的分析工具及研究视角。

1. 场域理论的阐释

场域理论（Field Theory）作为社会学理论体系的核心思想之一，其较早提出者和阐发者是法国著名学者皮埃尔·布迪厄（Pierre Bourdieu），并在《实践与反思：反思社会学导引》一书中以独特视角对社会学现象进行深刻的反思与精辟的阐述，这标志着场域理论的成熟，从而在社会科学界得到了广泛的应用，并进入到教育学、艺术学以及管理学等诸多学科领域研究之中。布迪厄认为，一个场域就是在各种位置间存在的客观关系的一个网络（network），或一个构型（configuration）。[1] 同时，布迪厄强调社会是一种空间立体的关系性结构，并具有"次级"和"初级"双重客观结构的运行逻辑。所谓"次级"客观结构的运行逻辑是指社会主体开展实践活动中的思维方式、行动策略以及情感体验等符号范式；而所谓"初级"客观结构的运行逻辑则体现为物质资源的有效配置性以及利用资源要素的合理手段。进一步来说，布迪厄为诠释社会实践提供建构性的理论分析框架，将场域理论"次级"客观结构的运行逻辑表征为"惯习"概念，"初级"客观结构的运行逻辑表征为"资本"和"场域"概念，其彼此间的要素关系可概括为：（惯习＊资本）＋场域＝实践。

在布迪厄场域理论框架下，场域（Field）、惯习（Habit）以及资本（Capital）三大核心概念交互生成、相互影响以及彼此联结，共同构成了场域理论的思想工具。首先，场域（Field）作为关系性的社会空间，其具有独特的实践逻辑，即"各种行动者和机构根据构成游戏空间的常规和规则（与此同时，在一定形势下，他们也对这些规则本身斗争不休）以不同的强度，因此也就具有不同的成功频率，不断地争来斗去，旨在把持作为游戏关系的那些特定产物。那些在某个既定场域中占支配地位的人有能力让场域以一种对他们有利的方式运作，不过，他们必须始终不懈地应付被支配者（以'政治'方式或其他方式出现）

---

[1] [法] 皮埃尔·布迪厄，[美] 华康德. 实践与反思：反思社会学引导 [M]. 李猛，李康，邓正来，译. 北京：中央编译出版社，2004：133.

的行为反抗、权利诉求和言语争辩。"[1] 可见，各种行动者置身于不同的游戏空间会呈现出不同的行为策略和行为模式，在深受"惯习"和"资本"两大概念要素的双重影响的基础上，通过积累资本来争夺地位及权力等，这种争来夺去的过程构成了场域的动态变化。其次，惯习（Habit）作为行动者的"性情倾向系统"，它是知觉、评价和行动的分类图式构成的系统，它具有一定的稳定性，又可以置换，它来自社会制度，又寄居在身体之中（或者说生物性的个体里），[2] 其本质要旨在于维持场域活动新秩序。在布迪厄看来，惯习既体现在行动者运用其自身的行为策略和认知模式去维持客观环境的过程，同时又体现在行动者在既定社会空间中受到外部影响而内化于自身的主观心态。可以说，惯习在一定程度上反映着行动者过去实践经验的积累，并意味着在未来相似性的情境下可能选择的行动路径。最后，资本（Capital）作为积累性的资源，其在特定的"游戏空间"充斥着特定的资本。众所周知，在社会空间中所发生的"游戏规则"具有一定的竞争性，并且各行动者依据不同的策略方式来改善他们所处的位置，而社会空间的筹码便是资本的积累。布迪厄指出资本存在四种形式：经济的（金钱与资产）；文化的（比如知识形式；品位、美学与文化上的指向选择；语言、叙事和发声）；社会的（比如联盟与人际网络；家庭、宗教和文化遗产）；还有符号的（代表所有其他资本形式的事物，可以在其他场域中进行"交易"，比如文凭）。[3] 上述四种资本形式彼此转化和彼此影响，共同构成了场域理论多维聚合的动力机制。综上，借助于布迪厄场域理论分析问题需厘清三个层面的主要问题：一是场域并非自我封闭性的社会空间，而是需要勾勒出各行动者所占位置间的客观结构性关系；二是明确不同场域位置的各行动者与其他权力场域之间的位置关系；三是明确自身资本参与场域间竞争的各行动者行为习惯。

2. 场域理论及对本研究的指导意义

场域理论作为反思社会实践活动的重要分析范式，与指向温暖服务型人才

---

[1] [法]皮埃尔·布迪厄, [美]华康德. 实践与反思：反思社会学引导 [M]. 李猛, 李康, 邓正来, 译. 北京：中央编译出版社, 2004：140.

[2] [法]皮埃尔·布迪厄, [美]华康德. 实践与反思：反思社会学引导 [M]. 李猛, 李康, 邓正来, 译. 北京：中央编译出版社, 2004：171.

[3] [英]迈克尔·格林菲尔. 布迪厄：关键概念（第 2 版）[M]. 林云柯, 译. 重庆：重庆大学出版社, 2018：86.

培养具有内在的适切性和耦合性。在布迪厄场域理论观照下共同打造温暖服务型人才培养的社会实践场域，其场域为其提供主要的实践活动空间，惯习是实践逻辑，而资本则是实践工具。在这个舞台上，职业教育场域作为社会场域的一个子场域，是一种以人的实践为核心要义，以温暖服务型人才培养为实践活动的时空构造，从而实现职业教育高质量发展。

具体而言，一是场域是温暖服务型人才培养的内在本质。在本质上，温暖服务型人才培养的提升要与场域的变化相适应，体现温暖服务型人才培养的"流"与"变"。一方面，温暖服务型人才培养是职业教育内部场域发展的本质。众所周知，职业教育行动者若要改变已有场域的位置或地位，需凭借自身独有的特质，即温暖服务型人才培养的核心要义，这也是区别于其他教育类型的重要标志之一。可以说，若要离开这一核心要义，既无法彰显职业教育的类型特质，更无法适应于场域发展。另一方面，温暖服务型人才培养应适应外部社会场域的发展。职业教育作为我国社会经济发展的关键力量，不仅要随着"时代之势"进行不断调整，更要承担着培养社会服务型与技术技能型人才的重任。职业教育作为教育层次的类型之一，应该呈现出与其他教育类型不同的人才培养行动原则和行动策略等，温暖服务型人才培养应将企业生产实践与教学活动进行高效对接，主动适应现代服务业高品质和多样化的发展需求，形塑出人才培养习惯，从而更好地适应场域的动态变化。二是惯习是温暖服务型人才培养的主要基石。场域间的惯习结构既不是一种"设定"，更不具有"共通性"，温暖服务型人才培养过程中所拥有品格特性与体悟认知、培养规律与行动策略等，均源于职业教育人才培养的内部既定惯习。就目前而言，温暖服务型人才培养不仅是一个"物质性"过程，更是一个"事理性"过程，且需要经过日积月累才得以顺畅运转。而目前由于实践经验处于探索和完善阶段，仍处于一种不稳定和波动化状态，使之无法适应于社会发展新诉求，因而亟须重塑惯习结构，将温暖服务型人才培养的制度和规律结构化，这也是温暖服务型人才培养的社会实践逻辑。三是资本是温暖服务型人才培养的根本动力。场域作为资本竞争的"游戏竞技场"，每一个位置的行动者为改变场域内结构分布而对有限资源进行争夺，而温暖服务型人才培养作为由多个社会实践活动叠加而形成的一种实践场，其资本竞争过程必然会涉及外部竞争（如校企合作、经费投入竞争等）和内部竞争（如优质师资竞争、学习环境等）两种方式，这些竞争方式的存在为温暖服务型人才培养提供了根本动力。借助于场域理论的关系结构性特质，每一位行动者所处位置或地位主要取决于自身所拥有稀缺资源的数量或质量，职业教育为提升在教育场域中的位置或地位则需要采取不同的策略，以此来扩大自身的资本占有率，增强自身影响力和话语权，故资本竞争成为温暖服务型人才培养的主要动力源。

（三）舒伯的职业发展理论

借助舒伯的职业发展理论，为理解和分析温暖服务型人才培养提供一个新视角，从而对提升温暖服务型人才培养的思想境界、技术技能以及综合素养等具有重要的现实意义。

1. 舒伯职业发展理论的阐释

职业发展理论（vocational development）作为一个宏大的理论体系，是由美国心理学家唐纳德·舒伯（Donald E.Super）所提出的。该理论在批判继承金兹伯格（ginsberg）实践与理论相关研究的基础上，采用自我概念和差异性心理学理论来进一步论证和诠释职业选择的过程，并主张每种职业均要求特别的能力、兴趣、人格特质，但是有很大的弹性可允许个人从事某些不同的职业，也允许某些不同性格的个人从事同样的行业，其性质主要是由父母的社会经济地位、个人心理能力、个人特质与机遇所决定，[1] 其过程基本上是内外部环境与个人成长之间、自我概念与现实发展之间的一种协调过程，其职业角色的个人扮演，既可能在实际生活环境之中，又可能在想象的虚幻之中。可见，每个人的职业选择并非一次完成的，而是一个长期且系统的过程，并随着个人成长、内外部环境、职业喜好以及实践经验等多重因素动态发展变化着的。

基于对职业教育发展理论基本主张的理解，其职业发展阶段模式主要包含如下五个生命阶段：一是成长（Growth）阶段，该阶段（0岁~14岁）重点是自我认识以及学习基本社会技能，儿童通过与学校老师、父母、朋友等关键人物的互动，逐渐建立起自我概念。其中，该阶段主要任务是逐步认识到自己是一个什么样的人，同时对职业的意义有了一次初步的认识和理解。二是探索

---

[1] 刘维华.煤炭高等教育"十四五"规划教材 大学生职业生涯规划与就业创业指导 [M].徐州：中国矿业大学出版社，2022：27.

（Exploration）阶段，该阶段（15 岁 ~24 岁）青少年通过校内实践和学习、校外兼职工作等方式，进行自我检视、职业尝试以及角色鉴定等。其中，该阶段主要任务是探索不同的职业选项，对自我能力进行现实评估，并依据未来的职业选择作出恰当的教育决策，使之完成最初的就业或者择业。三是建立（Establishment）阶段，该阶段（25 岁 ~44 岁）是职业发展周期中最为核心部分，在经过前期探索和尝试后，成年人寻求适当的职业领域，并组建家庭和建立稳定职位，虽然工作可能会遭受变迁，但职业一般不会改变。其中，该阶段主要任务是根据自身的工作经验谋求发展，巩固已有的职业地位，提升实力，并在一个永久性的职位上稳定下来。四是维持（Maintenance）阶段，该阶段（45 岁 ~64 岁）个人在寻求职业稳定性和维持现有职业成就的基础上，传承工作经验，寻求接替人选。该阶段的主要任务是研判工作中需要解决的新问题，不断开发新技能，致力于最核心和最重要的工作，并继续将工作做好。五是衰退（Decline）阶段，该阶段（65 岁以上）由于工作能力和健康状况的逐步衰退，原工作停止和晚年生活规划成为主要关注点。该阶段主要任务是发展非职业性角色，减少工作中权责。

综上，舒伯职业发展理论是以年龄作为划分阶段，但现实中每个人的职业发展是持续且动态的过程，其时间也并非具有确定性，有时还会出现阶段性反复的样态。因此，舒伯职业发展理论进行了后期的深化，将五个职业发展阶段又划分为若干个小阶段，并形成螺旋循环式的发展模式，进而实现各阶段主要任务的连贯性和紧凑性（见表 1-1）。

表 1-1 螺旋循环式的职业发展模式

发展阶段	青年（15~24 岁）	成年（25~44 岁）	中年（45~65 岁）	老年（65 岁以上）
成长阶段	树立自我概念	学习建立人际关系	接受个人条件制约	发展非职业性的其他角色
探索阶段	寻找学习机会	寻找心仪工作机会	迎接新挑战并努力解决	寻找退休离职后的休憩地
建立阶段	在初定职业中起步	积极投入工作力求上进	发展新的应变技能	完成未完成的梦想

续表

发展阶段	青年（15~24岁）	成年（25~44岁）	中年（45~65岁）	老年（65岁以上）
维持阶段	验证当前职业选择	稳固职位，维持安定	加强自我，笑迎竞争	继续有兴趣地工作与生活
衰退阶段	减少休闲活动时间	减少运动的时间	集中精力于感兴趣的主要活动	减少工作时间

2. 舒伯职业发展理论及对本研究的指导意义

在温暖服务型人才培养过程中，从学生的发展需求出发，以舒伯职业发展理论为切入点，确立和选择正确的职业发展自我概念，掌握每个阶段自身发展的特征，深刻认识职业循环发展的规律性，对提升学生职业能力，助推学生全面成长具有重要的指导意义。

具体而言，一是就深度而言，温暖服务型人才培养与生活角色平衡间的需求。从舒伯职业发展理论深度的纵向层面来看，每个人的职业发展所扮演的不同角色间存在着潜移默化的影响，在社会舞台上，每个人的一生都围绕着学生、工作者、父母以及退休者等诸多角色来演绎，这些角色在不同阶段均承担着不同的社会责任和义务，温暖服务型人才培养也同样在不同阶段扮演着不同的角色，既有服务行业的任务，同时又有未来生活和家庭的多重责任。可以说，如果角色扮演处理得当，那么生活和职场彼此间就会形成良性互动且互相成就。反之，若处理不当，必然会引发职场和生活的失衡和冲突问题。因此，在舒伯职业发展理论观照下的温暖服务型人才培养，引导学生要正确认识每个阶段所扮演的角色，精准研判角色在不同阶段所要完成的任务和责任，使之更好地平衡职场和生活之间的关系。二是就广度而言，温暖服务型人才培养有着自身内在的动力需求。从舒伯职业发展理论广度的横向层面来看，推进温暖服务型人才培养基本处于探索阶段或建立阶段，学生所获取的学历证书、职业证书等，不仅掌握了专业技能知识和提升综合素养的能力，同时还能为社会提供多元化的服务需求。然而，在温暖服务型人才培养过程中，存在着相对缺乏系统化人才培养计划、缺乏个性化发展机会、缺乏对人才的关怀与关注以及社会对服务行业固有的偏见、年轻人的职业期望与工作定位不匹配等问题。因此，在温暖服务型人才培养过程中，学生必须对自身的职业发展作好阶段性的规划，充分认识工作广度的本质和特征，领悟探索阶段或建立阶段的主要发展任务，既要在横向层面或同一阶段其他"学生"职业发展竞争力情况做比较，同时还要看清自身的理论知识和实践积累情况，使之为下一阶段的职业发展做准备。温暖服务型人才培养过程中，在变革学习环境基础上，学生应坚定职业信念，通过校企合作、真实职业场景的实践等，主动对接现代服务业需求，以提升自身在职业发展中的竞争力和价值。

第二章
职业教育温暖服务型人才培养
及其数字化转型文献综述

美国学者哈里斯·库珀（Harris Cooper）曾言，研究者对以往研究主题领域所做的分析是每一项科学研究的起点，没有这一步，研究者就不可能综合、全面地了解这个世界，他们也不可能在前人努力的基础上取得成就。[1]教学评价是以教育目标为依据，运用有效的评价技术和手段，对教育活动的过程和结果进行测定、分析、比较，并给予价值判断的过程。教学评价具有导向、激励、鉴定、诊断、调节、监督和问责等功能，其目的在于确保人才培养质量的基本标准，促进教育增值和教学水平的持续提升。通过对中国知网、万方数据库、EBSCO 及 Spring 外文数据库等途径的资料搜集，未见有学术论文及著作专门论述"温暖服务型人才培养的评价数字化转型"相关问题，为此，本章将围绕主题研究将职业教育人才培养、人才培养评价、数字化转型与职业教育数字化转型等有关的文献资料进行归纳与整理。

一、职业教育温暖服务型人才培养的内涵解读

概念引导我们进行探索 [2]，深刻理解核心概念既可以决定问题分析的逻辑点和立场，同时也为研究奠定坚实基础。开展指向温暖服务型人才培养的评价

---

[1] 哈里斯·库珀 . 如何做综述性研究 [M]. 刘洋，译 . 重庆：重庆大学出版社，2010：2.
[2] 韦森 . 社会秩序的经济分析导论 第 2 版 [M]. 上海：生活·读书·新知三联书店，2020：3.

数字化转型研究，需要厘清"温暖服务型人才"、"温暖服务型"人才培养模式、"职业教育评价"以及"评价数字化转型"等相关概念。

（一）温暖服务型人才

"温暖"一词在《现代汉语词典》《汉语大词典》中的解释是：用来形容阳光、春风等[1]，使之通过某种行为或情感让人感到温暖和舒适。"服务"一词在《现代汉语词典》中的解释是：为集体（或别人）的利益或为某种事业而工作[2]，也就是说服务的根本要义是为了解决某种问题。"温暖服务"是指在服务行业中，以热情、关心和体贴的态度为客户提供帮助和照顾，让客户感受到温暖和舒适，这种服务的本质是注重细节和客户需求，关注于客户的情感和感受，通过友好态度、热情语言和周到关怀来与客户进行交流与互动。近些年来，温暖服务逐渐成为职业教育研究领域的共同目标，是指在职业教育过程中，通过一系列关怀和支持措施，营造一个温馨、支持性的学习环境，以促进学生的全面发展。与此同时，随着社会经济的高速发展以及教育全面进入高质量发展阶段，中共中央、国务院在2010年印发的《国家中长期人才发展规划纲要（2010—2020）》指出，"人才"是指具有一定的专业知识或专门技能，进行创造性劳动并对社会作出贡献的人，是人力资源中能力和素质较高的劳动者。[3]

本研究对温暖服务型人才的概念做出如下界定：温暖服务型人才是为了适应现代服务业转型升级的需求，所具备的多元化、高质量以及高品质服务能力的专门型人才，他们以高度的职业责任感和团队合作精神、良好的个人形象和礼仪修养，以真诚热情、积极乐观的态度以及高超的专业技能和服务能力等为特质，致力于提供温暖且周到的服务。

（二）"温暖服务型"人才培养模式

"温暖服务型"人才培养模式的核心要义是解决"如何培养人"及"培养什么样的人"的问题，涉及实现培养人才的条件、手段和方式等系列要素所构

---

[1] 杜永道. 语文冷知识 字词句解说 [M]. 北京：商务印书馆国际有限公司，2023：246.

[2] 中国社会科学院语言研究所编辑室编. 现代汉语词典 2002 年增补本 [M]. 北京：商务印书馆，1997：386.

[3] 郎润华，曾庆双，唐亮. 管理学基础第 2 版 [M]. 重庆：重庆大学出版社，2021：204.

成的整体，以及人才培养的规格和目标等。在职业教育发展进程中，"温暖服务型"人才培养模式改革逐步整合原有"教育教学改革""教学评价改革""管理体制改革"等政策性概念提法，聚焦人才培养的核心要义，更加体现合理化、系统性以及科学化。"温暖服务型"人才培养模式作为职业教育改革实践的重要内容，已成为职业教育与外部环境形成结构性互动的基础。

新时代背景下，科学化和全面化界定"温暖服务型"人才培养模式的概念，须从两个要点加以考量：一是梳理人工智能技术下现代服务业发展与"温暖服务型"人才培养的内在关联，明确"温暖服务型"人才培养模式的政策依据和理论逻辑。第一，在政策依据上，国家出台了一系列人工智能技术赋能现代服务业发展与"温暖服务型"人才培养模式的政策，并为后续实践指明了方向。2017年7月，国务院印发《新一代人工智能发展规划的通知》指出，利用智能技术加快推动人才培养模式、教学方法改革，构建包含智能学习、交互式学习的新型教育体系[1]。2021年10月，中共中央办公厅、国务院办公厅印发《关于推动现代职业教育高质量发展的意见》指出，支持行业企业开展技术技能人才培养培训；把职业技能等级证书所体现的先进标准融入人才培养方案；坚持人才培养与市场需求相对接[2]。2022年7月，科技部等六部门印发《关于加快场景创新以人工智能高水平应用促进经济高质量发展的指导意见》指出，要多渠道开展场景创新人才培养，鼓励普通高校、职业院校在人工智能学科专业教学中设置场景创新类专业课程，激发人工智能专业学生场景创新想象力，提升学生场景创新素养与能力[3]。第二，在理论逻辑上，在"温暖服务型"人才培养模式中需要探明其理论基础，解决"温暖服务型"人才培养模式的理论问题，形成"温暖服务型"人才培养模式的理论体系。一是"温暖服务型"人才培养模式的路线："人工智能＋场景实践＋情感浸润"。通过政策引导（如标准与

---

[1] 中华人民共和国中央人民政府. 国务院关于印发新一代人工智能发展规划的通知 [EB/OL].（2017-07-08）[2025-02-10].https://www.gov.cn/zhengce/content/2017/07/20/content_5211996.htm

[2] 中华人民共和国中央人民政府. 中共中央办公厅、国务院办公厅印发《关于推动现代职业教育高质量发展的意见》[EB/OL].（2021-10-19）[2025-02-10].https://www.gov.cn/zhengce/2021-10/12/content_5642120.htm

[3] 中华人民共和国中央人民政府. 科技部等六部门关于印发《关于加快场景创新以人工智能高水平应用促进经济高质量发展的指导意见》的通知 [EB/OL].（2022-07-29）[2025-02-10].https://www.gov.cn/zhengce/zhengceku/2022-08/12/content_5705154.htm

政策联动)、课程重构(如构建"智能技术+人文"融合等模块化课程)、人工智能技术赋能(如虚拟仿真与 AI 辅助+情境化教学)以及产教融合(如共建实训基地、"订单式"就业对接)等生态结构,培养既能传递人性温度,同时也能驾驭智能技术工具,从而助力社会产业升级与高质量发展的服务型人才。二是"温暖服务型"人才培养模式的保障:遵循教育规律+系统思维观念。"温暖服务型"人才培养模式需借助人工智能技术既要遵循服务型人才培养的成长规律性和职业教育教学规律性,同时需要基于系统性和全息性的观念认识和分析"温暖服务型"人才培养。基于此,通过全面系统的观念来把握事物的发展规律,可以合理地把握好"温暖服务型"人才培养的核心要素、关键问题、依托路径、智能方式等,才能切实从课程、教学、师资、文化以及服务等诸多方面夯实"温暖服务型"人才培养模式的基础建设,提高"温暖服务型"人才培养的保障质量。

二是从关怀理论等视角切入,解读"温暖服务型"人才培养模式主要特质及质量评价。第一,在主要特质上,"温暖服务型"人才培养模式区别于传统人才培养模式,它主要依托于学科专业,并以学生就业为导向,使之培养具有高技能且创新素养的"温暖服务型"人才,以满足社会对职业发展的要求。现阶段,从关怀理论视角切入,其"温暖服务型"人才培养模式的主要特征主要涉及服务型的人才培养理念、市场化的人才培养机制、社会化的人才培养方式以及特色化的人才培养路径[1]四方面。一是在服务型的人才培养理念方面,服务型人才培养理念是一种以主动且积极的态度,面对社会经济发展对职业教育人才培养提出的新要求,以"理实"共生为特质,以适应市场需求为导向,全方位地服务于社会经济发展的办学理念。未来将衍生出大量服务型人才,需要大量的高端服务业从业人员从事智能制造的配套工作。这些服务型人才是既懂专业技术又懂营销、管理的高端复合型人才,需要职业教育加以培养。[2]二是在市场化的人才培养机制方面,"温暖服务型"人才培养模式是服务于市场经济体制的人才培养模式。探索市场化的人才培养模式,加强人才培养的前瞻性改革,积极主动地对产业升级变化作出反应,着力克服教学滞后于经济产业发展

[1] 胡赤弟.构建服务型培养模式 培养高素质应用型人才 [J].中国高等教育,2009(19):35.
[2] 周静."工业 4.0"战略对职业教育的挑战及应对 [J].教育与职业,2017(02):19.

所带来的影响，深化产教融合，建立定制化、精细化、专业化的人才全周期培养模式。[1] 三是在社会化的人才培养方式方面，"温暖服务型"人才培养模式必须借助社会主体力量，充分运用社会资源。也就是说，从社会需求出发，辨析人才培养类型定位，能够为解决人才培养与社会需求不适配问题指明方向。[2] 四是在特色化的人才培养路径方面，其服务贯穿于人才培养的全过程，即联合地方优势行业企业，以培养符合区域产业与经济社会发展需要的特色专业人才为利益契合点，合作开展课程、教师、教材、教法等教育教学关键要素改革，在不断完善特色化人才培养体系中落实 [3] 职业教育特色化发展目标的愿景。第二，在质量评价上，建立"温暖服务型"导向的人才培养模式主要从政府主导、企业目标以及职业院校内容三方面着手。一是在政府主导方面，政府从构建现代化职业教育体系角度出发，加强对"温暖服务型"人才培养质量评价体系的整体性把握，并有效调节服务型人才的供给质量，从而以满足社会经济发展的需要。二是在企业及行业目标方面，主要以企业及行业细化质量评价体系为导向，即先由企业及行业确定各岗位所应对的任职资格标准，然后再制定相应的专业技能、专业知识的要求，使职业院校培养出企业及行业真正需要的"温暖服务型"人才。三是在职业院校内容方面，以学生诉求为出发点，充分遵循学生主体的个性化发展，加大教师教学态度、质量文化以及情感态度的评价，切实促进职业院校人才培养质量评价的整全性及有效性，进而提升"温暖服务型"人才培养质量评价的水平。

本研究对"温暖服务型"人才培养模式的概念做出如下界定："温暖服务型"人才培养模式是"以教育理论为指导思想，以技术技能为基础，以人文关怀为核心要义"的职业教育理念，旨在培养既具备情感智能和服务意识，同时又能够熟练运用和掌握现代技术工具的复合型人才。为实现这一培养目标，多元主体对课程体系、教育方法、评价机制、校企合作等多个要素及制定培养过程实施、评价以及改进等多个环节进行科学且系统的标准构造，以此形塑职业教育人才

[1] 姚凯. 强化新质生产力人才的战略支撑作用 [J]. 人口与经济，2024（04）：7.

[2] 左宇希，徐涵. 职教本科人才培养的现实困境、实践向度与模式构建——基于中国特色高层次学徒制视角 [J]. 现代教育管理，2023（02）：96.

[3] 李天源，石伟平. 职业本科院校在高质量发展阶段的特色发展之路：理论原则、关键任务与保障策略 [J]. 中国职业技术教育，2022（12）：19.

培养新模式。为了更形象地认识到"温暖服务型"人才培养模式的内涵，可参现代服务业"温暖服务型"人才培养模式（图2-1）。

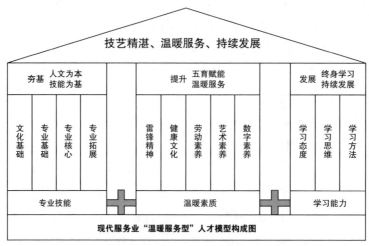

图 2-1　现代服务业"温暖服务型"人才培养模式

（三）职业教育评价

教育评价与职业教育评价有着密切的关系。因此，在提出职业教育评价概念之前，有必要对教育评价的含义加以探讨。本质上，评价就是对价值判断作出判断，也就是对客体满足主体需要程度的一种判断过程。[1] 当前，国内外的教育评价都是围绕主客体之间的教育活动的价值判断而展开的。一是在国内研究方面，诸多学者将教育评价描述为"价值＋事实"，如陈玉琨教授指出，教育评价就是对教育活动满足社会与个体需要的价值做出判断，以期达到教育价值增值的过程。[2] 学者刘本固教授认为，教育评价是按照一定的价值标准，对受教育者的发展变化及构成其变化的诸种因素进行的价值判断。[3] 吴钢教授认为，教育评价是指在系统地、科学地和全面地搜集、整理、处理和分析教育信息的基础上，对教育的价值做出判断的过程，目的在于促进教育改革，提高教育质量。[4] 冯建军教授认为，教育评价是按照一定社会的教育性质、教育方针和教育政策

---

[1] 刘理．中国高校评估研究 多视域的探讨 [M]．长春：吉林大学出版社，2006：26．

[2] 陈玉琨．教育评价学 [M]．北京：人民教育出版社，1999：7．

[3] 刘本固．教育评价的理论与实践 [M]．杭州：浙江教育出版社，2000：55．

[4] 吴钢．现代教育评价教程 [M]．北京：北京大学出版社，2008：4．

所确定的教育目标，对所实施的各种教育活动的过程和效果及学生学习质量和发展水平等方面进行科学判定的过程。[1] 二是在国外研究方面，学界对教育评价的理论研究相对较为成熟。如"教育评价之父"拉尔夫·泰勒（Ralph W.Tyler.）将教育评价视为判断教育活动的一种达成度，并提出了教育评价过程在本质上是确定课程和教学大纲在实际上实现教育目标的程度的过程。[2] 美国教育评价标准联合委员会（Joint Committee on Standards for Educational Evaluation）指出，评价是对某些现象的价值，如优缺点的系统调查。[3] 库巴（Guba，E.G.）和林肯（Lincoln，Y.S.）指出，评价是以利益相关者的主张、焦虑和争议作为共同焦点，以需求信息作为判断基础的一种评估形式，它主要运用建构主义调查方式的方法论。[4] 此外，教育测量格兰朗德（normans.Gronlund）认为，一个系统且完成的评价 = 测量 + 非测量 + 价值判断，并被诸多权威机构所接受和认可。

当前，不同学者对职业教育评价有着不同的解读和理解，但从现有资料中我们还是可以归纳出一些共性。一种是从评价管理功能对职业教育评价概念进行界定，如郭扬、郭文富认为，职业教育评价是指职业教育在人才培养目标和培养方式上具有特殊性，职业教育的评价体系应该超越普通教育评价体系的局限，更加关注培养人才的特色；[5] 李政指出，职业教育评价受到由技能提供主体、技能学习主体和技能使用主体构成的社会场域的影响。这三大主体的相互作用，演化出了三个影响职业教育评价的关键变量：产业模式、教育制度和生涯发展制度。[6] 雍莉莉指出，职业教育评价涉及体制机制调整、人才培养模式、"双师型"教师队伍、社会服务能力等多方面内容，是职业教育治理的重要手段。[7] 陆磊指出，职业教育评价的既有学校的自我评价，即内部评价，也有上级教育行政部门和教育督导部门组织的评价，即外部评价。外部评价是加强宏观指导和管理的一

[1] 冯建军.当代教育基本理论研究新进展2010—2020[M].福州：福建教育出版社，2023：280.

[2] [美] 拉尔夫·泰勒.课程与教育的基本原理 [M].施良方，译.北京：人民教育出版社，1994：85.

[3] Joint Committee on Standards for Educational Evaluation，Standards for Evaluations of Educational Programs[R].Projects and materials，1981.

[4] Guba，E.G.，Lincoln，Y.S.Fourth Generation Evaluation[M].Newbury Park：Sage Pulication，1989：51.

[5] 郭扬，郭文富.职业教育质量评价的政策需求与制度建设 [J].中国职业技术教育，2015（21）：22.

[6] 李政.职业教育评价的制度嵌入和改革进路 [J].苏州大学学报（教育科学版），2024（02）：62.

[7] 雍莉莉.新时代深化职业教育评价改革探析 [J].教育与职业，2023（11）：58.

项重要措施，其目的在于客观地评价学校的办学水平，加强科学管理，确保教育的基本质量。[1] 另一种是从教育评价的本质内涵对职业教育评价概念进行界定，如郝庭智指出，职业教育评价是评价者依据国家规定的职业教育的各项目标，以职业教育的全部领域为对象，运用科学的方法搜集、分析各种教育现象，对评价对象作出正确的价值判断，从而为职业教育决策提供信息和依据的一种有组织的活动。[2] 黄国清，刘志兵认为，职业教育评价是以职业教育系统为对象，从既定的目标出发，确定相应的目标，建立科学的指标体系，通过系统的信息收集和定性定量分析，依据客观的价值标准，对该系统作出的价值判断。[3] 罗琦、陈桃珍认为，通过对职业教育大数据进行挖掘与分析，可厘清职业教育发展主线，掌握最新发展动态，构建科学合理的职业教育评价模式，从而为职业教育评价提供更加科学合理的判断依据。[4]

根据上面的分析，我们对职业教育评价的概念做出如下界定：职业教育评价是指职业教育评价主体以一定的价值标准或价值原则，对职业教育方案、职业教育决策、职业教育执行、职业教育结果，以及职业教育其他相关因素所进行的价值判断，以此呈现职业教育评价的主体多元化、内容全面化、方式差异性以及过程情境性的善治格局。

（四）评价数字化转型

"转型"是事物的形式发生了根本的转变，这种事物形式可以被另一种形式代替，也可以是事物原来的形式通过事物内部自身的发展转化成别的形式，[5] 即系统性转变。一般意义上来说，数字化转型，泛指运用大数据资源和数字化技术等数字化要素解决"艰难性""不确定性""复杂性"等问题，从而改变组织场域的内在控制关系、形成内容与形式、表层与核心、外部与内部之间的

[1] 陆磊. 终身教育与职业教育体系构建 [M]. 北京：中国书籍出版社，2019：185.

[2] 郝庭智. 职业教育学 [M]. 北京：中国农业科技出版社，1995：377.

[3] 黄国清，刘志兵. 职业学校管理 [M]. 武汉：武汉大学出版社，2012：186.

[4] 罗琦，陈桃珍. 内涵式发展语境下职业教育评价的新思考 [J]. 江苏高教，2019（05）：58.

[5] 刘继承. 数字化转型 2.0 数字经济时代传统企业的进化之路 [M]. 北京：机械工业出版社，2022：16.

系统协同。[1]就评价而言，评价数字化转型虽起始于单一数字技术"赋权"的创新发展，但在其转型过程中则需要付诸系统化的变革，这样才能从根本上激活评价变革的转化与生成。

对于核心概念界定以及性质判定，从本质上决定着评价数字化转型的研究逻辑、分析原则以及内容框架等。因此，科学化和全面化界定评价数字化转型的概念，须从两个要点加以考量：第一，明确评价数字化转型的目标。实质上，转型目标的明确性决定评价数字化转型的总体方向和分析范式，其根本目标在于促进职业教育高质量"内涵式"发展，将数字化要素的全息化和整体化嵌入职业教育评价之中，并通过精准化和动态化的发展、多层面和多维度的育人为职业教育评价带来全新的教育生态结构，力求克服或避免数字化要素可能带来的"不确定"风险，在有效发挥数字化要素的价值正当性基础上推进职业教育评价数字化转型的至善格局。第二，明确评价数字化转型的范围。为了使本研究内容更具有聚焦性和针对性，本研究主要关注于温暖型服务人才培养评价通过数字化转型何以更好地发挥意识形态层面的"文化"软功能和教育层面的"育人"功能等，主要探讨其过程中各评价主体、评价过程、评价目标以及评价范式等内容的数字化转型样态。

本研究对评价数字化转型的概念做出如下界定：评价数字化作为一个系统化的变革过程，旨在通过数字逻辑、数字思维以及数字素养等数字化要素的系统化融入，使评价目的、评价要素、评价范式及评价机制等发生相应的数字化转型，形成以生产资源数据化重构、职业教育主体智能化转变以及职业教育空间虚拟化呈现为主要特征的评价数字化教育新生态，最终指向职业教育迈向高质量发展的轨道。

二、职业教育温暖服务型人才培养的学术动态

美国学者哈里斯·库珀（Harris Cooper）曾言，研究者对以往研究主题领域所做的分析是每一项科学研究的起点，没有这一步，研究者就不可能综合、全

---

[1] 吴南中，陈恩伦.高校教育数字化转型中的组织适配机制及其建构路径 [J].现代远程教育，2023（06）：54.

面地了解这个世界，他们也不可能在前人努力的基础上取得成就。[1] 通过对中国知网、万方数据库、EBSCO 及 Spring 外文数据库等途径的资料搜集，未见有学术论文及著作专门论述"温暖服务型人才培养的评价数字化转型"相关问题，为此，围绕主题研究将职业教育人才培养、职业教育服务型人才培养、人才培养评价、数字化转型与职业教育数字化转型等有紧密相关的文献资料进行归纳与整理。

（一）职业教育人才培养的相关研究

截至 2025 年 2 月 28 日，本研究以"职业教育人才培养"为主题词，在中国知网（CNKI）、万方数据库、EBSCO 等相关网站检索，以中国知网（CNKI）获得的数据为例，共检索学术期刊 10592 篇、博硕士论文 703 篇、会议论文 246 篇以及报纸 320 篇等。因此，通过搜集和整理相关文献可知，现阶段国内学者对于"职业教育人才培养"的相关研究主要从目标、模式、问题以及建构策略等四方面进行评述，这些问题的研究有助于我们能够全面了解职业教育人才培养的实质与过程。

1. 职业教育人才培养目标的研究

当前，国内学者对职业教育人才培养目标问题的争论始终不断，俞克新（2005）认为，职业教育人才培养就是培养高技能人才，掌握所从事职业岗位的必备技能，这是培养高技能人才的关键所在。[2] 丁金昌（2010）认为，我国高职教育经过十多年的发展，作为高等教育的一个类型逐渐明晰，在国家完整的教育体系中肩负着培养高素质高技能应用型人才的使命。[3] 陈琪（2018）认为，新时代高等职业教育作为培养管理、生产、建设和服务一线的高层次技术技能人才的主要阵地，应以复合型和国际化的人才培养目标为抓手。[4] 刘承波，王一涛（2021）从新发展格局、中国制造业、稳就业、促公平等方面阐述职业教育人才培养目标，即培养技术技能型人才。[5] 与此同时，顾建军（2021）也同样

---

[1] 哈里斯·库珀. 如何做综述性研究 [M]. 刘洋，译. 重庆：重庆大学出版社，2010：2.

[2] 俞克新. 高等职业教育学制改革对策的思考 [J]. 教育与职业，2005（09）：27.

[3] 丁金昌. 高职人才培养不可替代性的策略研究 [J]. 中国高教研究，2010（06）：65.

[4] 陈琪. "一带一路"背景下高职技术技能人才培养的创新研究 [J]. 现代教育管理，2018（06）：87.

[5] 刘承波，王一涛. 技术技能型人才培养的基本要义与路径遵循 [J]. 人民论坛，2021（21）：72-73.

指出，培养高素质技术技能人才成为职业教育发展改革的使命所在、需求所在、目标所在、问题所在。[1]孟仁振，张博瑶等（2023）运用布鲁姆的教育目标分类框架，基于知识水平、技术技能水平和价值观形成水平，提出职业人才培养的进阶式人才培养目标层级体系。[2]崔淑淇，姚聪莉（2023）聚焦于职业教育人才培养目标和规格的研究，主要是"应用型""高层次／高端／高级""技术型"人才。[3]张启鹏，郑永进（2024）认为，职业教育人才培养要适应社会转型发展的要求是职业教育人才培养的重要目标导向。[4]

2. 职业教育人才培养模式的研究

目前，职业教育人才培养模式从不同视角产出和探索了诸多学术成果，如沈燕（2015）提出，职业教育校企合作人才培养新机制即"5321"校企合作模式，以政府、学校、企业共同参与的"三个层面"的组织机构为基本框架，以"五个结点"的系校企合作办公室为联络纽带，以校企双主体育人模式为办学理念，以学校、企业、学生三方共赢的共同利益诉求为"一个目标"，形成互动系统，构建合力育人机制。[5]陈正清，朱斌等（2015）指出，将企业人才需求融入人才培养方案，将职业技能标准融入课程教学内容，将企业优秀文化融入人才培养过程，将行业企业评价融入考核评价体系，通过理论与实践、知识与技能、校内学习与企业锻炼交互进行，实现人才培养过程中的四递进（课程递进、实践递进、能力递进、素质递进）。[6]李志刚（2016）提出，高职院校"阶梯式"教育人才培养模式是一种顺应时代发展、应对时代挑战的人力资源开发模式，即以适应高职院校教学实践需求为目标，在分阶段、分层次、循序渐进的职业能

[1] 顾建军.高素质技术技能人才培养的现代意蕴与职业教育调适[J].国家教育行政学院学报，2021（05）：20.

[2] 孟仁振，张博瑶，徐光明.进阶式目标下现代学徒制人才培养路径与策略研究——基于SECI模型的视角[J].中国职业技术教育，2023（02）：50.

[3] 崔淑淇，姚聪莉.本科层次职业教育人才培养的内在逻辑、目标定位与实现路径[J].现代教育管理，2023（04）：

[4] 张启鹏，郑永进.职业教育如何培养新质人才：基于目标使命的逻辑探索与变革路向[J].远程教育杂志，2024（06）：105.

[5] 沈燕.高等职业教育校企合作人才培养机制的构建——基于"5321"模式的探索[J].教育发展研究，2015（07）：49.

[6] 陈正清，朱斌，等."四融入、四递进、学训交互"培养模式改革探索与实践[J].中国职业基础教育，2015（16）：57.

力培养过程中，通过实施一系列职业技能培训，提升教职人员职业能力和职业素养。[1] 齐强，翟明戈等（2020）提出，职业教育需开创"学、练、创、产"四级进阶的产教融合人才培养模式。[2] 吕建强，许艳丽（2021）提出学习工厂是工业 4.0 时代技能人才培养的新模式，并认为学习工厂遵循"顺应时代之需，强调复杂思维"的人才培养理念，课程结构设计强调"纵向贯通、横向交叉、行动导向"，学习方式具有"过程学习、项目学习、问题学习与数字化学习"的特点，增进了高技能人才培养的广度与深度。[3] 屈璐（2024）提出，"3+N"中高职集团化模式，即"3"即指成都农业科技职业学院、成都工业职业技术学院、成都职业技术学院三所牵头高职院校，同时分别对应一、二、三次产业，通过"+"的链接，带动成都市域内的"N"个中职学校和中职学校所开设的专业。[4]

3. 职业教育人才培养问题的研究

当前，学者们从不同视角、不同维度以及不同层面对职业教育人才培养问题进行探究。梁红梅（2008）指出，目前高等职业教育在创新型人才培养方面存在着办学定位不准、经费不足、师资力量不强、课程体系和教学内容方式不新、管理协调机制落实不到位等诸多问题，与建设创新型国家的要求不相适应。[5] 徐国庆（2016）提出，对技术技能人才培养来说，我国职业教育人才培养体系存在以下三方面突出问题：培养过程缺乏能促进职业能力持续积累的完整体系、培养方式过于依靠学校职业教育模式、缺乏适合的职业能力开发与课程组织方法。[6] 陈鹏，薛寒（2018）指出，我国职业教育人才培养结构性失调，培养模式与制造业发展实践脱节，培养体系缺乏开放性等，与"中国制造 2025"发展战略存在不适应之处。[7] 高建，周志刚，潘海生（2020）提出，职业教育人才培养价值链模型，解析思想价值和行动价值两个方面的职业人才培养供需不匹

[1] 李志刚 . 高等职业教育人才阶梯性培养模式的构建 [J]. 黑龙江高教研究，2016（12）：136.

[2] 齐强，翟明戈等 ."学、练、创、产"四级进阶人才培养模式探索 [J]. 中国高校科技，2020（Z1）：89.

[3] 吕建强，许艳丽 . 学习工厂：迈向工业 4.0 的技能人才培养新模式 [J]. 电化教育研究，2021（07）：106.

[4] 屈璐 . 区域职业教育中高职贯通一体化人才培养的实践探索 [J]. 中国职业技术教育，2024（25）：35.

[5] 梁红梅 . 浅论高等职业教育创新型人才培养 [J]. 科技管理研究，2008（07）：344.

[6] 徐国庆 . 智能化时代职业教育人才培养模式的根本转型 [J]. 教育研究，2016（03）：74-75.

[7] 陈鹏，薛寒 ."中国制造 2025"与职业教育人才培养的新使命 [J]. 西南大学学报（社会科学版），2018（01）：77.

配问题，指出价值创造的认识和实践不足是其主要原因。[1] 袁玉芝，杨振军，杜育红（2021）指出，我国技术技能人才培养也存在生源不足、在优质生源竞争中处于弱势、人才培养规格不清、层次和专业结构不合理、产教融合不深入等问题。[2] 姚岚，谭维智（2023）指出，转型背景下技术创新人才培养的现实困境主要涉及教学以知识本身为目的，忽视学生实践能力的培养、教学以单一学科知识为主，制约网络化知识体系的构建、实践以程序化操作为主，限制学生解决复杂问题的能力。[3]

4. 职业教育人才培养建构策略的研究

学术界提出了职业教育人才培养建构策略，这为中国式职业教育现代化的发展提供了有益借鉴。袁洪志，陈向平（2016）指出，树立职业素质教育的价值取向，创设职业技能培养与职业精神养成相融合的文化环境、构建跨界且具"大职教"特点的素质教育体系，培育与推广校企融合的职业教育育人文化、加强高职院校教师职业素质教育意识的培养与教学能力的开发，促进专业教育与素质教育互相融合。[4] 杨子舟，荀关玉（2019）指出，我国要加快推动技能形成，促进产业结构调整；加强工作保护，降低专用技能学习风险；优化中职定位，培育设计型操作人才；强化高职定位，培养分析型与互动型认知专用技能人才。[5] 蒋晓明，易希平，张晓琳（2021）认为，后现代社会促使人的全面发展从教育理想成为现实需求，职业教育应在马克思主义人的全面发展学说和习近平新时代中国特色社会主义思想引领下，培养出有才、有魂、有趣，活出精彩的"完整的人"。[6] 石伟平，林荫茹（2021）指出，要更新人才培养目标，调整专业设置；以学生发展为中心，重塑课程结构内容，优化教学方式；以体系建设为关

[1] 高建，周志刚，潘海生.价值共创视角下职业教育人才培养的路径研究[J].中国电化教育，2020（02）：1.

[2] 袁玉芝，杨振军，杜育红.我国技术技能人才供给现状、问题及对策研究[J].教育科学研究，2021（07）：24.

[3] 姚岚，谭维智.数字化转型视域下技术创新人才培养：诉求、困境与变革[J].高等工程教育研究，2023（01）：144.

[4] 袁洪志，陈向平.文化育人：高等职业教育质量提升的新视角[J].江苏高教，2016（01）：137+151.

[5] 杨子舟，荀关玉.技能何以形成：类型探讨与模式分析[J].清华大学教育研究，2019（05）：49.

[6] 蒋晓明，易希平，张晓琳.后现代社会的职业教育走向——实现人的自由发展与完全解放的全人教育[J].大学教育科学，2021（05）：119.

键，促进多方主体合作，提升教师素养。[1] 刘晶晶，和震（2022）从百万扩招背景下提出职业教育人才培养需进一步发挥国家相关政策的叠加性优势，完善育训并举的现代职业教育与培训体系；做强产教融合的开放性优势，构建因材施教式的弹性化培养方式；突出终身学习的发展性优势，推行资源整合利用的本地化教育模式，保障质量型扩招要求的落地落实。[2] 徐玉成，王波，朱萍（2023）提出，职业院校可从构建适应职业教育的科研体系、提升科研项目的教学化改造水平、完善"产学研"协同育人模式、培养学生的科研素养、重构科技赋能的教学场景等方面入手，助力科教融汇更好地赋能职业教育人才培养。[3] 韦月，许艳丽（2024）指出，新质生产力对技术技能人才提出新需求，并建议引导职业教育以新兴产业发展为依据，提升培养目标的前瞻性；以综合职业能力为核心，加强培养内容的协调性；以数字技术迭代为遵循，增强培养方式的适应性。[4] 张培，南旭光（2024）提出，我们应坚持以立德树人为根本任务、以协同创新为关键路径、以共建共治为主要抓手、以数字化转型为核心动力、以价值创造为基本导向，高要求打造职业教育新形态、高品质提升人才培养新效能、高水平构建产教融合新格局、高标准激活数智赋能新变量、高站位形成服务发展新优势等行动策略。[5]

（二）职业教育服务型人才培养的相关研究

截至 2025 年 2 月 28 日，本研究以"职业教育服务型人才培养"为主题词，在中国知网（CNKI）、万方数据库、EBSCO 等相关网站进行检索，以中国知网（CNKI）获得的数据为例，共检索文献 79 篇。通过搜集和整理相关文献可知，现阶段国内学者对于"职业教育服务型人才培养"的相关研究相对较少，并主

[1] 石伟平，林晰茹 . 新技术时代职业教育人才培养模式变革 [J]. 中国电化教育，2021（01）：34.

[2] 刘晶晶，和震 . 百万扩招背景下高职人才培养模式的转型挑战与优化路径 [J]. 教育发展研究，2022（01）：28.

[3] 徐玉成，王波，朱萍 . 科教融汇赋能职业教育人才培养的时代价值、现实困境及破解对策 [J]. 教育学术月刊，2023（09）：58.

[4] 韦月，许艳丽 . 面向新质生产力的职业教育人才培养模式优化研究 [J]. 中国职业技术教育，2024（32）：28.

[5] 张培，南旭光 . 伴生与耦合：新质生产力视域下的职业教育高质量发展 [J]. 高校教育管理，2024（03）：44.

要集中于如下两方面。

1. 职业教育服务型人才培养从不同视角的研究

现阶段,学者们从不同视域、不同视角对职业教育服务型人才培养进行探究。如严世清(2017)从"国际化"视域、[1]童敏慧(2019)从"服务价值链"视角、[2]邓艳博,李晓凡(2019)从"供给侧结构性改革"视域、[3]王思瑶,马秀峰(2022)从"场域理论"视角、[4]徐国明(2024)从"大职业教育"视域[5]等,从而为职业教育服务型人才培养拓展新路径。

2. 职业教育服务型人才培养策略的研究

纵观学者对职业教育服务型人才培养策略的研究,以问题为导向,并从整体性角度提出相应策略。胡赤弟(2009)指出,建立新的服务型人才培养模式,除了建立新的人才培养理念、机制、方式和路径,更重要的是需要改革传统人才培养的组织制度,从根本上解放人们的固有思维模式,即立足学科、专业与产业,建立学科—专业—产业链;立足教学、科研与服务,构建立体化人才培养体系;立足学校、企业和社会,构建人才培养利益共同体。[6]马敬峰,马启鹏(2013)指出,摒弃"创收教育思维",规避趋同化路径,构建服务型人才培养体系,致力于应用型人才培养,应是当下我国高校继续教育寻求与区域经济社会协调发展的必然选择。[7]华长慧(2013)指出,服务型人才培养体系在人才培养理念上,更加注重服务意识;在人才培养主体上,更加注重企业社会的参与;在人才培养目标上,更加注重面向市场、就业导向;在人才培养机制上,更加主张以能力为中心、多样化的培养方式。[8]王可侠,彭玉婷(2017)指出,要注重服务型人才培养, 并在服务链薄弱领域设立创业政策奖励, 逐步形成有

[1] 严世清 . 国际化视域下的高职服务外包人才培养创新 [J]. 教育与职业,2017(21):106.

[2] 童敏慧 . 服务价值链视角下高校人才培养探究 [J]. 煤炭高等教育,2019(04):86.

[3] 邓艳博,李晓凡 . 供给侧改革视域下中职院校人才培养模式改革与创新研究 [J]. 职业,2019(02):49.

[4] 王思瑶,马秀峰 . 场域理论视角下职业教育赋能乡村人才振兴的作用机理与实践路径 [J]. 教育与职业,2022(03):27.

[5] 徐国明 . "大职业教育"视域下职业院校社会服务与人才培养耦合发展研究 [J]. 现代职业教育,2024(22):177.

[6] 胡赤弟 . 双重压力下服务型人才培养模式的重构 [J]. 高等教育研究,2009(02):84-85.

[7] 马敬峰,马启鹏 . 服务型定位与应用型人才培养——高校继续教育的出路 [J]. 教育发展研究,2013(Z1):109.

[8] 华长慧 . 服务型区域教育体系的功能及其实现路径 [J]. 教育研究,2013(06):62.

利于加快现代服务业发展的社会运行体系。[1]张炳辉（2018）指出，高职院校应通过积极探索"订单教育"校企合作模式、现代学徒制人才培养模式，构建服务型人才培养体系，依托职业技能大赛重构服务型课程体系，搭建学校与社会协同融通平台完善服务育人格局，为服务型职能转变提供有效的实施路径。[2]

（三）人才培养评价的相关研究

截至 2025 年 2 月 28 日，本研究以"人才培养评价"为主题词，在中国知网（CNKI）、万方数据库、EBSCO 等相关网站检索，以中国知网（CNKI）获得的数据为例，共检索学术期刊 7178 篇、博硕士论文 557 篇、会议论文 153 篇以及报纸 181 篇等。因此，通过搜集和整理相关文献可知，现阶段国内学者对于"人才培养评价"的相关研究大致总结为三个方面，一是人才培养现状的研究；二是人才培养评价指标体系的研究；三是人才培养评价机制的研究。

1. 人才培养评价现状的研究

当前人才培养评价现状研究已成为众多学者关注和研究的焦点。郝建峰，吕文静（2010）指出，高职院校人才培养质量评价体系构建的现状存在着评价方法单一，过分依赖终结性评价，评价方式教条化、表层化，侧重定性评价，忽视定量评价，评价主体单一，社会参与程度低以及与评价整改工作相关的机制不完善[3]等问题。何锡辉，王涵，王睿（2015）人才培养评价的问题主要涉及评价主体单一，忽略了质量多元联动评价、评价标准统一，忽略了多样化、评价制度建设不到位，理论研究滞后。[4]何应林（2021）指出，当前高职技术技能人才培养实践中实施的人才培养评价不利于技术技能人才社会适应性的增强。[5]孙红艳，吴秋晨（2024）指出，人才培养评价体系僵化，核心素养评估缺失，具体而言，当前高职院校的评价体系普遍存在着僵化的问题，主要体现在过于依赖传统的考试和专业技能考核，而忽视了对学生核心素养的评估。[6]曹燕（2024）

[1] 王可侠，彭玉婷.中国现代服务业发展路径研究 [J]. 江淮论坛，2017（05）：44.

[2] 张炳辉.高等教育职能由教育型向服务型转变的思考与实践 [J]. 职业技术教育，2018（11）：11.

[3] 郝建峰，吕文静.对我国高职人才培养质量评价问题的探讨 [J]. 职教论坛，2010（32）：73-74.

[4] 何锡辉，王涵，王睿.人才培养质量多主体联动评价路径研究 [J]. 黑龙江高教研究，2015（04）：38.

[5] 何应林.整合理念下高职技术技能人才培养的适应性研究 [J]. 职业技术教育，2021（28）：46.

[6] 孙红艳，吴秋晨.核心素养导向下高职院校高技能人才培养的优化路径研究 [J]. 中国职业技术教育，2024（26）：14-15.

指出,配套制度有待健全,可操作性不强;多元主体参与缺位,制度系统设计不足;培养模式单一固化,课程资源建设滞后;制度环境有待于进一步优化[1]是人才培养评价的现存问题。

2. 人才培养评价指标体系的研究

学者借助不同的研究方法,从不同角度将人才培养评价指标体系划分为若干个维度。方向阳,孙学文,甘昭良(2009)依据高等职业教育特点和评价理论设计的"高职院校人才培养质量评价调查表",共涉及 36 项指标。通过因子分析和专家咨询确定高职院校人才培养质量评价的指标体系是一个包含四个层次的系统,即评价指标体系分为目标层、一级指标、二级指标和三级指标的四个等级,人才培养输入、人才培养执行和人才培养输出三个方面。[2]张亚军,赵萍,孔月红(2020)提出,要构建全员、全方位、全过程的人才培养工作质量"三维度"评价监控体系,从多元评价主体视角对学校环境支持、专业发展状态和教学效果达成度开展评价、监控与诊断,不仅为人才培养质量工作的内控和持续改进提供依据,而且理顺了人才培养宏观、中观和微观质量管理工作三个维度之间的逻辑关系,体现了人才培养质量评价诊断工作的科学性、系统性、全面性。[3]杨秋月,郑青(2021)结合技术素养概念框架,从技术知识、技术能力、技术思维与行为方式、技术态度四个维度构建了高职院校学生技术素养评价指标,抽取我国 9 省市 13 所高职院校 2628 名学生进行技术素养测评。[4]胡德鑫,邢喆(2023)采用因子分析法,其构建包括人才培养输入、人才培养过程和人才培养成效评价要素在内的全过程指标体系,并采用层次分析法对评价指标测算权重。[5]刘春光,谢剑虹(2023)在厘清职业本科院校学生职业素养内涵和要素的基础上,采用德尔菲法和层次分析法等,构建包括 2 个一级指标、7 个二

---

[1] 曹燕.我国高技能人才培育制度的特征、问题与改进——基于 42 位高技能人才访谈的分析 [J]. 职教论坛,2024(07):41.

[2] 方向阳,孙学文,甘昭良.高职院校人才培养质量评价指标体系——高职院校人才培养质量评价研究之一 [J]. 现代教育管理,2009(02):77.

[3] 张亚军,赵萍,孔月红.高职院校人才培养质量"三维度"评价诊断体系研究 [J]. 职业技术教育,2020(02):58.

[4] 杨秋月,郑青.高职院校学生技术素养评价指标体系构建与路径选择——以 9 省市 13 所高职院校为例 [J]. 职教论坛,2021(03):127.

[5] 胡德鑫,邢喆."双高"计划背景下高职院校人才培养质量的评价指标建构与水平测度研究 [J]. 现代教育管理,2023(11):85.

级指标和 32 个三级指标的职业本科院校学生职业素养评价指标体系，并赋予指标权重，为职业本科院校学生职业素养评价提供借鉴和参考，有利于提升职业本科院校人才培养水平。[1] 宗城，李波，张司（2024）为充分展现中国特色高职教育人才培养质量，通过因子分析法，从人才培养投入、过程、产出 3 个维度，构建涵盖 10 项二级指标和 34 项三级指标的人才培养质量评价指标体系，对全国 31 个省份的 1367 所高职学校人才培养质量进行定量分析。[2]

3. 人才培养评价机制的研究

纵观学者对人才培养评价机制的研究，更多的是在现存问题的基础上，以整体性的策略进行阐述。韩继红（2011）指出，要建立多元社会评价机制，重点应解决如何实现评价主体多元化、减少评价反馈信息使用过程的功利化倾向、加强评价方法论的系统化研究、建立常态稳定的评价制度等[3]。孙家峰（2013）指出，不少院校所构建的人才培养评价机制已偏离基本的教育轨道，这不仅要深刻认识并正确把握构建科学的高职教育人才培养评价机制的价值追求，而且要将科学构建人才培养评价机制的重点放在评价主体、目标定位、评价思路及方法要求等方面。[4] 汪子入（2016）从应用型人才培养工作的外部环境和内在机制入手，从现代教学管理机制、产学研合作教育机制、创新人才培养机制、创新教师培训机制等方面构建创新人才培养机制，从而培养具有实践创新能力的高素质应用型人才。[5] 伍俊晖，黄小东，蔡丽（2022）提出了"协助同、融且合、合且优"的校企协同育人机制，即完善专业教育与职业需求培养机制，建立校企协同培养人才的激励机制，构建校企协同培养人才的评价机制。[6] 古翠凤，张雅静（2022）从对接专业体系、细化人才培养目标、构建系统性课程体系和一体化人才评价机制四方面构建中高职人才贯通培养的协同机制，推进职业教

[1] 刘春光，谢剑虹.职业本科院校学生职业素养评价指标体系的探索与构建 [J].当代教育论坛，2023（02）：68.

[2] 宗城，李波，张司.构建中国特色高等职业教育人才培养指标体系研究与分析——基于《2023 中国职业教育质量年度报告》的实证研究 [J].中国高教研究，2024（08）：87.

[3] 韩继红.高职教育人才培养质量多元社会评价机制探析 [J].职业技术教育，2011（10）：30.

[4] 孙家峰.论高职教育人才培养的评价机制 [J].职教论坛，2013（08）：14.

[5] 汪子入.应用型创新人才培养的机制研究 [J].现代教育管理，2016（08）：99.

[6] 伍俊晖，黄小东，蔡丽.技能型社会建设背景下校企协同育人机制创新研究 [J].教育与职业，2022（15）：71.

育的体系化建设和高质量发展。[1]

（四）数字化转型与职业教育数字化转型的相关研究

通过搜集和整理相关文献，梳理出现阶段国内外学者对于"数字化转型"和"职业教育数字化转型"的相关研究，以期为后续研究提供全景全貌。

1. 数字化转型本质阐释的研究

截至 2025 年 2 月 28 日，本研究以"数字化转型"为主题词，在中国知网（CNKI）、万方数据库、EBSCO 以及 Spring 等相关网站检索，共检索国内外学术期刊 65488 篇、博硕士论文 10590 篇、会议论文 2183 篇以及报纸 23220 篇等。在诸多文献中，本研究主要围绕与主题有紧密正相关的资料进行梳理，即数字化转型的本质阐释。

关于数字化转型本质阐释的研究，主要存在如下几种说法：一是数字化转型是一种根本性以及系统性的变革方式。Maltese，V. 指出，数字化转型并非一种简单的技术，而是一种"技术、文化、组织、社会、创新以及管理"等方面的变革。[2] 黄晶晶，周俊华（2023）也同样指出，数字化转型（DT）是一项有关人员、过程、战略、结构和动态竞争的改革。[3] 二是数字化转型主要是解决复杂性以及艰难性境况问题。安筱鹏（2019）认为，数字化转型的本质是在"数字＋算法"定义的世界中，以数据的自动流动化解复杂系统的不确定性，优化资源配置效率，构建企业新型竞争优势。[4] 三是数字化转型的过程论。Abdallah Yasser Omar，etc（2022）指出，数字化转型过程包括八个阶段，涵盖技术、管理、沟通和客户等要素。这一工作阶段的主要贡献是数字转型的不同要素之间的平衡——数字技术、领导力和战略、人员和业务流程——以及在埃及经济等发展

[1] 古翠凤，张雅静 . 类型教育视角下中高职人才贯通培养的协同机制研究 [J]. 职业技术教育，2022（25）：24.

[2] Maltese，V.Digital transformation challenges for universities：ensuring information consistency across digital services[J].Cataloging Classification quarterly，2018（07）：593.

[3] 黄晶晶，周俊华 . 欧洲教育数字化转型的缘起、现状和实现路径 [J]. 教育学术月刊，2023（07）：39.

[4] 安筱鹏 . 数字化转型的关键词 [J]. 信息化建设，2019（06）：50.

中经济体的制造业中创建一个完整的 8 步数字转型过程。[1]四是数字化转型的技术应用说。Matt C，Hass T，Benlian A（2015）指出，数字化转型是由数字技术的集成而产生的变革，这种数字化集成力量还支持转型后的运营性工作。[2]此外，Tobias K，Pooyan K 也指出，数字化转型变革力量和技术在企业运营、业务流程以及价值创造等方面均发挥着重要的引领作用。[3]五是数字化转型的内部组织结构变革。Vial G（2019）指出，数字化转型作为一种内部变革框架，其被描述为组织对内部环境中发生的波动或者变化作为回应的过程，通过使用数字化技术来改变他们的价值与模式。[4]

2. 职业教育数字化转型理论的相关研究

截至 2025 年 2 月 28 日，本研究以"职业教育数字化转型"为主题词，在中国知网（CNKI）、万方数据库、EBSCO 以及 Spring 等相关网站检索，共检索国内学术期刊 1035 篇、博硕士论文 39 篇、会议论文 32 篇以及报纸 57 篇等。纵观我国学者对职业教育数字化转型理论的研究成果，大致分为四个方面。

第一，基于职业教育数字化转型内涵的研究。孙守勇，李锁牢（2023）将职业教育数字化转型的内涵要义从信息化、数字化、信息化和数字化关系、职业教育数字化转型的必要性[5]四方面进行阐述。张泽建〔2024〕认为，职业教育数字化转型是职业教育基于数字技术增强适应性、推进现代化发展的过程，包含以技术迭代改变职业教育发展动力结构，以秩序生成适应、支撑和引领职业教育现代化，以范式转变重塑职业教育生态的内涵特征。[6]申国昌，姬溪曦〔2024〕指出，职业教育数字化转型的本体内涵就是通过数字技术赋能教育，使

[1] Abdallah Yasser Omar，Shehab Essam，etc.Developing a digital transformation process in the manufacturing sector： Egyptian case study[J].Information Systems and e-Business Management，2022（06）：613.

[2] Matt C，Hass T，Benlian A.Digital transformation strategies[J].Business and Information Systems Engineering，2015（05）：339.

[3] Tobias K，Pooyan K.Digital transformation and Organization Design：An Integrated Appeoach[J].Califonia Management Review，2020（04）：86.

[4] Vial G.Understanding digital transformation：A review and a research agenda[J].The Journal of Strategic Information Systems，2019（02）：122.

[5] 孙守勇，李锁牢.职业教育数字化转型的内涵、表征与实践路径[J].教育与职业，2023（01）：37.

[6] 张泽建.职业教育数字化转型发展的内涵特征、结构要素与实践方略[J].中国职业技术教育，2024（27）：40.

职业教育教学过程精准化、学习体验具身化、管理模式智能化、评价路径可视化的内在价值得以实现。[1] 李名梁，庄金环，杨竞昌〔2024〕认为，职业教育数字化转型的内涵要旨不是单纯依靠网络平台进行教育教学工作，而是辐射"教—学—评"一体的数字化、多元交互性治理的数字化以及人与数字融合协同的数字化等多个维度，所以职业教育数字化转型的内涵更加丰富。[2]

第二，基于职业教育数字化转型内容的研究。邓小华（2023）以数字技术和数字能力为双轮驱动，以关键场景重建、运行模式重构和价值理念重塑为转型目标，以业务数字化、数据增值化和融合常态化为建设内容，以数字化转换、数字化升级和数字化善治为发展阶段的分析框架。[3] 邵梦园，杨兰花，任胜洪（2023）指出，职业教育数字化转型在内容上应致力于共建共享的优质教育资源、拓展数字化教育应用场景、提高职业教育数字化服务能力、完善职业教育数字化治理体系四个关键议题。[4] 杨成明，周潜，韩锡斌（2023）以高质量发展为出发点，以国家、学校和课程三个层面的多维内容为着力点，以新规律、新体系、新模式、新机制的探寻与构建为落脚点，形成职业教育数字化转型的研究框架。[5]

第三，基于职业教育数字化转型主要困境的研究。王敬杰（2022）指出，当前我国职业教育数字化转型面临着认知存在曲解甚至错解、教育和受教育成本增加、"部分区域、学校和群体无力应对"、在追求教育公平中衍生新的不公平等困境。[6] 刘畅，黄臣臣（2023）指出，目前转型所面临的多重困境主要有以下方面，即教育资源上适应内外需求的服务配置低效、教育场域上虚拟空间与现实空间融合不佳、教育平台上部门整合及多元主体参与不足。[7] 焦晨东，黄臣臣（2023）指出，职业教育数字化转型中的伦理风险存在以价值取向冲突

[1] 申国昌，姬溪曦.职业教育数字化转型的价值、内涵与路径 [J].现代教育管理，2024（05）：105.

[2] 李名梁，庄金环，杨竞昌.职业教育数字化转型：内涵要旨、逻辑理路及实现路径 [J].教育学术月刊，2024（10）：11-13

[3] 邓小华.职业教育数字化转型的理论逻辑与实践策略 [J].电化教育研究，2023（01）：48.

[4] 邵梦园，杨兰花，任胜洪.职业教育数字化转型的制度赋能：内容、特征及问题反思 [J].中国职业技术教育，2023（36）：45.

[5] 杨成明，周潜，韩锡斌.职业教育数字化转型：驱动逻辑、研究框架与推进策略 [J].电化教育研究，2023（02）：64.

[6] 王敬杰.新时代职业教育数字化转型的内涵、困境与路径 [J].职教论坛，2022（09）：5.

[7] 刘畅，黄臣臣.资源、场域与平台：职业教育数字化转型的多重制度逻辑 [J].中国职业技术教育，2023（16）：17-19.

为表征的伦理目标失衡、以人机界限模糊为表征的伦理主体失调、以道德责任推诿为表征的伦理规范失控和以技术工具主义宰制为表征的伦理行为失序等样态。[1]董苓，苏德（2024）指出，在职业教育数字化转型中还存在数字化人才培养模式僵化、数字化师资匮乏、数字平台开发不健全、数字基础设施建设不完善等现实困境。[2]邱飞岳，刘雪冰，等（2024）指出，当前我国职业教育数字化转型面临转型理念存在认知误区、转型发展存在地域差异、转型特色缺乏辨识度、转型成熟度难以评估等问题。[3]

第四，基于职业教育数字化转型实现路径的研究。金波，郑永进（2023）指出，职业教育数字化转型，重在联结资源、融合发展，彰显实践性，强化多模态感知和交互，构建职业教育数字孪生运行系统推进战略协同化，构建数据驱动业务价值体系推进流程信息化，提升院校数字基础能力推进运行智慧化。[4]王佑镁，李宁宇，王旦，等（2023）以创变为导向，设计落地强化顶层设计扩展职教应用场景、产教融合强化学生数字技能、平台融创开发数字课程资源与科教融汇培养教师数字素养四条路径，以期为我国职业教育数字化转型研究与实践提供参考。[5]孟亭含（2024）指出，职业教育数字化转型要突破"技术中心论"，建设"温暖"教育；加强基础设施建设，合理配置资源；关注教育主体数字韧性，加强系统韧性，加速推进职业教育的数字化转型，为重塑职业教育新生态助力。[6]徐小容，孙敏（2024）指出，需要从更新价值理念、把准转型方向、驱动职业教育数字化转型生态适应、完善政策制度提供动力支撑等方面，深入探索职业教育数字化转型的增效路径。[7]曾光，宋以华，黎新华（2025）认为，为更好地应对职业教育数字化转型中人工智能应用的伦理风险，建议技术筑基，构建稳固的伦理安全技术防护体系；教育引领，营造蕴含伦理教育的教学生态环境；

[1] 焦晨东，黄臣臣 . 职业教育数字化转型中的伦理风险及其应对 [J]. 中国职业技术教育，2023（21）：14.

[2] 董苓，苏德 . 数字化转型赋能职业教育高质量发展的逻辑、困境与路向 [J]. 成人教育，2024（12）：71.

[3] 邱飞岳，刘雪冰，等 . 职业教育数字化转型：内涵、问题与路径 [J]. 职业技术教育，2024（09）：32.

[4] 金波，郑永进 . 高质量发展背景下职业教育数字化转型实现路径研究 [J]. 中国高教研究，2023（07）：97.

[5] 王佑镁，李宁宇，王旦，等 . 新时代新征程我国职教数字化转型的扬弃与创变 [J]. 中国电化教育，2023（04）：57.

[6] 孟亭含 . 职业教育数字化转型的价值、困境及实施路径 [J]. 教育理论与实践，2024（33）：28.

[7] 徐小容，孙敏 . 职业教育数字化转型的耗散逻辑与增效路径 [J]. 现代教育管理，2024（07）：97.

以生为本，确保学生权益与全面发展的深度融合；体系支撑，建立多方协同参与的综合治理机制等。[1]

三、职业教育温暖服务型人才培养的研究述评

本研究从"职业教育人才培养""职业教育服务型人才培养""人才培养评价""数字化转型与职业教育数字化转型"四个维度分析现有文献，基本掌握了该领域目前国内外学界对此主题的学术动态及现状。

（一）研究视角：温暖服务型人才培养评价数字化转型的独特视域

指向温暖服务型人才培养的评价数字化转型研究作为一个理实共生的崭新课题，是职业教育高质量发展的必然选择，但其"不确定性"和"复杂性"也是不言而喻的。从目前对文献检索和综述的情况来看，"职业教育人才培养""职业教育服务型人才培养""人才培养评价""数字化转型与职业教育数字化转型"的现有研究主要从宏观层面进行方向性探讨，并借助相关理论进行设计和推理，基于实践进行总结和概括，却缺少微观和中观的分析视角，对于从温暖服务型角度对人才培养的评价数字化转型进行研究的成果更存在空白，这也从另一个角度印证了本研究的独特性和创新性。

（二）研究内容：温暖服务型人才培养评价数字化转型的整体性研究

从已有取得成果上来看，与主题密切相关的研究均产生了不少的开拓性成果，这也为本研究提供了丰富资料和可借鉴思路，是我们进一步开展温暖服务型人才培养的评价数字化转型研究的重要基础。从已有研究不足上来看，针对温暖服务型人才培养的评价数字化转型研究仍留有空白，既缺乏全面化和系统化的研究，更不能从整体上把握对温暖服务型人才培养的评价数字化转型的"事

---

[1] 曾光，宋以华，黎新华.职业教育数字化转型中人工智能应用的伦理风险研究[J].教育与职业，2025（02）：13.

实性""价值性"和"行动性",缺乏对这一整体性的系统理论研究成果。

（三）研究方法：基于职业教育数字化转型的混合研究设计

已有研究多停留或集中于理论研究，如运行机制、价值意蕴等，相对缺乏实证性分析，尤其是缺少借助访谈和调研方式，从深入分析具体试点到广泛推广的深层次问题、路径设计等，相关研究也未将温暖服务型、职业教育人才培养等需求情况结合起来，进而指向温暖服务型人才培养的评价数字化转型研究。

第三章
职业教育温暖服务型
人才培养的评价困境

在党和国家高度重视和在加快职业教育中国式现代化发展对高质量服务型人才培养迫切需求的推动下，职业教育服务型人才评价的本质内涵不断扩大且深化，但尚未成熟定型，在评价结构上还存在着价值异化、结构异化、过程异化以及时间异化等诸多困境。如：指向效率的评价价值取向忽视了服务型人才的情意功效；以"纸笔"为中心的评价结构弱化了服务型人才的整体能力；以"结果"为导向的评价过程削减了服务型人才的增值效应以及以"占位"为逻辑的评价后效破坏了服务型人才的成长节奏等。

一、价值异化：指向效率的评价价值取向忽视了服务型人才的情意功效

强调效率至上的价值取向是现代工业生产发展的重要特质之一，诚如美国学者小威廉姆 E. 多尔（William E.Doll, Jr.）所言，现代主义思想视目的为实用性，视途径为达到目的的工具，[1] 即要求工业生产中一切行为都要以促进生产效率的提高为目的，也就是说要在同样的时间内生产出更多的工业产品、获得更多

---

[1] [美]小威廉姆 E. 多尔（William E.Doll, Jr.）.后现代课程观[M].王红宇,译.北京:教育科学出版社,
2000：69.

的利润。[1] 在职业教育服务型人才培养评价中，理应将学生发展的内在价值与服务社会经济发展的外部价值有效结合作为评价指向，但在具体实践中，服务型人才培养依据毕业生就业率情况考量职业教育质量、以社会岗位需求开设专业课程以及学生在企业中所掌握的某些技能情况来评价学生等已然成为评价的必然趋势和评价的真实写照，职业教育的社会功用性价值的天平日益凸显。反之，服务型人才的情意功效作为提升自我专业能力的重要驱动力，其内在价值却逐渐被边缘化。因此，从不同层面来审视其价值异化问题，不仅违背了人才培养评价的逻辑运行规律，同时也阻碍了教育评价改革的整体性推进。

（一）认识论层面：指向效率的评价取向不符合服务型人才培养的本质及规律

从哲学意义上讲，"认识论就是探讨人类认识的本质、结构、认识与客观实在的关系，以及认识的前提和基础，认识发生、发展的过程及其规律，认识的真理标准等问题"。[2] 基于这一哲学认识，现阶段服务型人才培养的本质及规律在很大程度上既异化了主体对服务型人才培养本质及规律的发展过程，同时也违背了其具体内容。

首先，就主体对服务型人才培养本质及规律的发展过程来看，指向效率的评价取向昭示着主体完成了对服务型人才培养的认识过程的第一个阶段，即为了追求效率，人被当作一个统计数字，一个物化的指标，为了突出评价结果的客观精确性，满足利益相关者的正确答案，放弃了人的抽象意识的不可测性。[3] 在此主导下，服务型人才培养评价并未从整体上关照外在的量化指标体系与内在的情意价值的整合，而是以物化指标作为推进方式，将情意向度的评价排除在外，甚至视为"噪声"，遮蔽了服务型人才培养评价的复杂性面貌，进而逐渐远离了期冀中的人才培养评价改革图式。也就是说，形成对服务型人才培养评价的复杂性认识，才能从根本上对人才培养对象、人才培养环境、人才培养条件以及人才培养要素等作出适切的改变，才能从本质上理解及把握服务型人

---

[1] 刘华杰，崔岐恩.我们的教育有利于创造力的培养吗——对创造力阻滞因素的审视 [J].教育发展研究，2010（06）：8.

[2] 郭智勇.马克思主义基本原理概论 [M].北京：中国社会出版社，2008：47.

[3] 张庆玲，胡建华.大学评价中的"计算主义"倾向分析 [J].现代大学教育，2021（04）：62.

才培养对象的最终旨归。其次，就服务型人才培养本质及规律的内容来看，人才培养对象并非"抽象"且"物化"的，而是具有情脉、意脉以及语脉的个体"具象化"存在。可以说，人才培养对象的发展过程在呈现"显析序"的同时，其背后更多地蕴含着"隐缠序"，如情感、品性、欲望、信念以及态度等情意功效，而这些情意功效无法通过外部评价指标得以描述和解析，因为"边界的模糊性、内涵的不确定性以及评价方法的不可操作性，其评价一直被视为学生评价的瓶颈，甚至出于诸多无奈，故而被有意或无意地排除在学生评价之外。"[1] 因此，改变以效率为导向的价值取向，其实质是破除"单向度"的评价逻辑，突破封闭化和机械化的量化考核评价标准，否则评价进程必然会陷入泥潭。因此，将情意功效评价纳入服务型人才培养评价中既是回归完整认识路线的必然选择，同时也是符合哲学认识论原理的必然指向。

（二）实践层面：指向效率的评价存在重"专业技能"轻"情意功效"现象

顾名思义，职业教育在一定程度上是在学徒培训的基础上演化而来，传统的职业教育人才培养以掌握熟练的技能操作和专业知识为导向，学生毕业后能够很好地驾驭工作岗位且"独当一面"。随着时代引领社会变迁及技术发展，伴随而来的职业岗位打破边界化、生产运作呈现复杂化等样态，使得某一职业能否"轻松驾驭"不仅依靠于相应的技术技能和专业知识，更取决于以情意功效为依托的综合性素养，这也是未来职业教育服务型人才培养持续化发展的支撑点和关键点。

服务型人才培养评价实践，就是对其操作流程以及构成要素等方面的阐述。服务型人才培养评价作为一个由多向共生系统构成的实践活动，其理论体系的建构必然要分析及明确其中所涉及的构成要素。首先，从结构系统上来看，培养社会经济发展需要的服务型人才是职业教育的主要职能之一，更是职业教育中国特色化的鲜明特质。然而，在颁布的诸多法律法规和政策文件中，如《职业教育提质培优行动计划（2010—2023年）》《中华人民共和国职业教育法》《现代职业教育体系建设规划（2012—2020年）》等，其人才培养评价指标均以"技

---

[1] 王斌华 . 学生情感倾向的评价 [J]. 教育理论与实践，2011（04）：56.

术技能水平"作为重要内容。据此，各地在依据本校特色和本校优势的基础上，过于重视及细化"技术技能水平"的指标框架，如"国家示范性高等职业院校建设计划"和"双高计划"，其技能水平相关指标占比较大权重，却削弱及忽视了学生的情意化特征，从而严重违背了学生的全面化发展。其次，从部分院校实践形式上来看，现阶段部分职业院校已对人才培养评价方案进行了针对性的改革，诚如美国著名教育评价专家斯塔弗尔比姆（Daniel Stufflebeam）所言，评价最重要的意图不是为了证明（prove），而是为了改进（improve）。[1] 然而，对于情意功效的评价改进却仍较为薄弱。目前部分职业院校变更考核形式，并开设单独板块测试情感、态度、品性等，一方面，这种测试并非纸张形式所能测量；另一方面，重视"技术技能"是"情意功效"转化成果的必要条件，将"情意功效"孤立为纯粹的形而上精神，其人才培养评价的效能可想而知。相较于企业，职业院校对于情意的考察时间以及条件非常有限，在追求效率导向的评价行为中，普遍存在着追求现实功利、急功近利的培养效果，缺乏对人才培养的长远的考量，这让人不得不做出这样的推测：情意功效只是"形式主义"，其目的在于对"社会本位""社会适应"等现实生存的关注、满足社会经济发展的要求以及其他硬性指标的考察等。可以说，这种倾向所反映的事实是，专业技能与情意功效的有效融合，使得职业院校人才培养之路任重而道远。

（三）方法论层面：指向效率的量化评价方式忽视了服务型人才的情意功效

方法论是关于人们认识世界和改造世界的根本方法及其理论体系。[2] 基于这一理解，对服务型人才培养评价方法论主要有两种理解，一是服务型人才培养评价作为一种活动方式或活动事件，其研究层面，抑或实践层面，均需要不同层面的方法论体系作以支撑，否则其评价将被视为一种"虚无"的存在；二是服务型人才培养评价本质上就是一种手段或方式的存在，其评价可视为"元方法论"。那么，服务型人才培养评价所选择的方法如何能够更好地促进主体认识服务型人才培养，是其所研究的问题。然而，在指向效率导向下，服务型

[1] 陈玉琨. 教育评价学 [M]. 北京：人民教育出版社，2014：19.

[2] 崔华前. 马克思主义方法论的发展历程与当代创新研究 [M]. 武汉：武汉大学出版社，2022：31.

人才培养评价基于方法学的量化评价占据着主流地位，虽在一定程度上增强了服务型人才培养评价的客观性，但此过程中盲目追求量化评价方式的科学性，而忽视了服务型人才的情意功效，诚如美国学者杜威（Dewey）所言，我们根本不需要追求一个至善，也不需要一个绝对超验的价值标准，我们所需要的是对现实情景的考察和在现实情景中对服务型人才培养的价值进行判断[1]，事与愿违的是，指向效率的量化评价方式忽视了服务型人才的情意功效，从而导致其评价失去公正之"善"。

从本质上来看，雅斯贝尔斯（Jaspers）坚持教育是关系到人的教育，教育理应回归人的自在本身，摒弃传统教育中单向度追求教育工具性价值的实现，[2]从而更好地促进人全面而有个性的发展。同样，教育作为一种培养人的活动，其一切教育都要遵循人类的本性，使人的身心能够得到自然发展。[3]当前，对服务型人才培养评价的测量采用量化方式加以衡量的现象日渐明显，其"量化话语霸权"更是加速对效率主义的追捧。具体而言，一是漠视培养对象作为独立发展的个体。学生作为鲜活的个体生命，决定了他们各自情意追求不同，对每个学生来说，其情意功效的生成都有一个特定的化学反应公式。[4]也就是说，培养对象在实践过程中必然伴随着情感、态度、品性、动机等因素的全面展现，内心世界和真实声音也更需要评价主体（如学校、教师等）的深入探究。但基于"量化霸权"下，对培养对象所具有的差异性、情意性、多样性以及动态性等视而不见，甚至是"置若罔闻"，极易造成服务型人才培养评价过程中难以遏制的浮躁。二是服务型人才培养评价被简化为单一的数量测评。有学者指出，数量测评"把复杂的教育现象简约化和数字化，容易丢失或忽视教育中最具意义、最根本性的内容，即学生态度、情感、价值观的发展与成长"。[5]现阶段，关于服务型人才培养评价大部分学校均对"技能培养""教学评价""技能水平""创新能力""职业发展""就业质量"等若干方面进行全面量化，最终形成具有比较性的评价分数，这种评价分数极有可能陷入"评必量化"的极端

[1] 李树培.描述性学生评价论[M].济南：山东教育出版社，2012：19.
[2] 张竹林，赵冬冬.协同育人初论[M].上海：华东师范大学出版社，2023：17-18.
[3] 让-雅克·卢梭.爱弥儿[M].王媛，译.北京：中国妇女出版社，2018：2.
[4] 张岩.历史核心素养的探问与言说[M].长春：东北师范大学出版社，2020：17.
[5] 张永胜.学生评价改革的困境与反思[J].西北师范大学学报（社会科学版），2010（05）：72.

局面，导致将复杂化的服务型人才培养评价问题进行了线性化、直接化以及表象化的片面处置。有学者指出，学生的生动活泼的个性被抽象成一组组僵硬的数字，学生在各方面的发展和进步也被简化为可能的几个数量，教育的复杂性和学生状况的丰富性则被泯灭于其中。[1] 如在评价等级设定维度上，职业院校人才培养评价划分为"A""B""C""D"或"优秀""良好""合格""不合格"等不同等级。但无论哪种维度设定最终指向的都是培养对象的甄选功能，即成为社会岗位需求遴选的依据，这种单一化的测量，必然无法准确且全面地描绘培养对象全貌，还更容易造成个体情意功效的忽视，甚至带来服务型人才培养评价情意基础的丧失以及应用"温度"的失真。

（四）管理学层面：指向效率的管理主义至上忽视了服务型人才的情意功效

管理是组织共同劳动和发展公共事务的必要条件，也是协调生产关系、发展生产力的条件，是提高人的素质和促进社会进步的重要因素。因而，自从人类社会形成以来，历代先哲无不着心于管理的研究。[2] 而"管理取向模式"（management-oriented modle），是基于对方案或项目进行管理的理念发展起来，侧重对方案或项目实施全程的监督和监控，在方案进行的每一个阶段都采取相应的措施进行评价，以期找到不足，及时更正，达到最优管理。[3] 反观管理主义至上的服务型人才培养评价活动，就是组织评价者，为实现对培养对象的管理及控制，运用评价方案设计，以及评价手段和方式来协调人才培养评价工作，而指向效率是管理主义服务型人才培养评价的误区之一。

遵循上述管理逻辑，在具体实践中，职业院校的目的是检验教学成果、优化教育教学过程、提升人才竞争力，推动职业教育体系的内涵式发展；教师对人才培养评价的目的主要是为了检验理论学习成效、促进学生全面发展以及对接行业需求等而服务的；而学生对自身评价的目的是反馈真实的成长需求和学习体验，推动社会需求和个人发展深度契合等服务。从不同主体呈现的服务中

---

[1] 潘玉驹. 高校学生评价的"麦当劳化"及其超越 [J]. 高等工程教育研究，2016（06）：136.

[2] 战殿学，徐庆辰，刘淑文. 管理新论：无为管理学 [M]. 沈阳：东北财经大学出版社，1997：300.

[3] 王慧君. 绩效技术及其在教育中的应用 [M]. 北京：中国科学技术出版社，2015：74.

不难看出，其背后所暗含"自上而下"的组织模式，是基于管理、控制以及权力等逻辑而展开的。因此，如果将服务型人才培养评价作为管理的工具，那么在其评价过程中必然无法形成"生态格局"。当前，指向效率的管理主义至上忽视了服务型人才的情意功效主要存在以下两方面。一是指向效率的评价"大多基于对发展目标进行抽象化的、标准化的、不受情景制约的提炼制定出规范的教育标准，采用'自上而下'的方式，控制人的发展"，[1] 这种错误的评价权力观，既容易让评价主体框定自我、迷失自我，也容易使评价对象在资源的束缚下过度迎合评价，丢失了评价活动本真含义。[2] 如一些管理主义至上的评价主体多由教育行政管理者组成，使得服务型人才培养评价制度过于僵化，虽然有部分第三方专家的参与，但这些专家均由教育行政管理部门指派，并潜移默化地遵循其管理逻辑，在评价过程中为满足特定评价任务，通常强调统一标准，将科学性片面理解为客观性，不讲差异性，其结果必然制造与生产了诸多"标准件"，而忽视了激发每个学生的情意功效。二是管理主义至上的服务型人才培养评价制度过于僵化，主要因为指向效率评价的价值取向被推向了极致，这就造成了服务型人才培养评价方法崇尚单向度、线性化以及简单化的逻辑，而缺乏情意功效，如情感、态度、品性等。也就是说，服务型人才培养评价往往注重可量化指标方式（如等级评分、量表调查等），并滥觞于人才培养评价之中，而人文化以及情意化的评价方法却在人才培养评价中经常"缺席"。

二、结构异化：以"纸笔"为中心的评价结构弱化了服务型人才的整体能力

职业教育服务型人才的整体能力是由知识能力、技能能力、创新能力、职业素养以及可持续发展能力等五方面构成，其评价是在全面、科学且系统搜集整理、归纳以及分析各要素的基础上，对服务型人才培养整体能力的价值作出判断的过程，其要义在于促进我国职业教育人才高质量发展。审视当下的教育现状，服务型人才的整体能力中所采用的以"纸笔"为中心的单一化（忽视评

---

[1] 龚孝华.走向具体个人：教育评价的生存论建构 [D].武汉：华中科技大学，2005：14.

[2] 时艳芳.高等教育评价结果：困境、反思与改进 [J].重庆大学学报（社会科学版），2022（02）：113.

价对象的差异和特色，采用统一的评价标准）、标准化（客观指标对评价对象进行一次性简单化衡量）以及绝对化（把单一指标和一次性评价作为评价被评价对象的唯一标准）[1] 的评价模式，决定了人才培养评价过程和结果的方向。随着我国职业教育人才培养评价改革的持续化推进以及深入化实施，采用以"纸笔"为中心的评价结构虽稍有突破和改进，但总体上仍不尽如人意，难以充分释放及彰显职业教育服务型人才整体能力的价值，并在一定程度上弱化了相关能力。

（一）以"纸笔"为中心的评价结构弱化了服务型人才的知识能力

近代《中国大百科全书：教育卷》对知识的解释是，就反映内容而言，是客观世界在人们头脑中的主观印象，就反映的活动形式而言，有时表现为主体对事物的感性知觉或表象，属于感性认识；有时表现为关于事物的概念或规律，属于理性认识。《教育大词典》对知识的解释是对事物属性与联系的认识，表现为对事物的知觉、表象、概念、法则等心理形式。[2]

从本质上说，知识的内涵是一种动态阐述，而非确定性的呆板框定。英籍犹太裔哲学家迈克尔·波兰尼（Michael Polanyi）也提出人类知识有两种，即隐性知识（如未被表述的知识）和显性知识（如书面文字、数学公式、图表等）。在职业教育服务型人才培养评价领域，隐性知识是指专业学科思维、创新能力、服务型实践能力等无法用系统化语言表述的知识，是基于经验及实践能力。而显性知识是指借助符号、文字、图表等形式所表达的理论知识。诚如有人形象地将知识比作冰山，认为显性知识是露出水面的部分，而隐性知识则是水下的部分。也就是说，没有丰富的隐性知识，就难以呈现显性知识。[3] 在职业教育服务型人才培养评价过程中，优化服务型人才培养评价模式的核心要义就是对知识进行有效地掌握、整合、获取以及应用等，即知识能力。所谓知识能力是指职业教育服务型人才对隐性知识和显性知识的深度与广度的融合与应用，是隐性知识和显性知识相互理解、整合、转化以及灵活运用的动态过程，它强调

[1] 司林波 . 新时代教育评价改革的现实背景、内在逻辑与实践路向 [J]. 陕西师范大学学报（哲学社会科学版），2022（01）：98-99.

[2] 任英杰 . 面向理解的学习设计 [M]. 广州：暨南大学出版社，2022：17.

[3] 常华锋 . 生本学科教学设计 [M]. 北京：首都师范大学出版社，2015：49.

知识系统性、实践性、跨学科性等特征。因此，将知识能力运用于职业教育服务型人才培养评价模式之中，不仅对提高个人就业能力和适应社会发展的需求具有重要意义，同时还对国家以及社会的可持续发展起到了关键作用。然而，在以"纸笔"为中心的评价结构中，往往弱化了上述服务型人才的知识能力。一方面，以"纸笔"为中心的评价结构仅考察孤立化、表浅化或低阶的知识，而对于考察真实情景中运用知识去解决实际问题的能力往往需要多种智力资源。诚如托马斯·R. 霍尔所言，我们已经被"客观性"测验蒙蔽得太久，只看到它能够提供一致的、可信的分数，却没有看到它只测量了整体中的一部分。[1]也就是说，"纸笔"评价往往采用压缩、简化以及剪裁等方式，来获取所需要效率化的人才培养目的，虽然在一定程度上"纸笔"评价能够测量某些内容知识，如知识的再现、知识的记忆能力等，但忽视了服务型学科知识所具有知识的深度理解、知识点的融会贯通、已有知识迁移新情境或提出创新性解决方案的能力等系统化、动态化的特点。另一方面，"纸笔"评价方式的"迟滞性"，必然会影响服务型人才培养过程中显性知识的转化。当前，我国"纸笔"评价占据主导模式，多数以"书面"形式来考核相关理论知识，但随着知识时代的爆发，"纸笔"评价方式与培养对象所具有的知识能力之间的鸿沟将不断扩大，使得"纸笔"评价丧失职业教育的逻辑，也影响了职业教育服务型人才培养质量的提升。

（二）以"纸笔"为中心的评价结构弱化了服务型人才的技能能力

所谓技能能力作为服务型人才培养的重要组成部分，即学生通过学习和实践所掌握和了解的、能够应用于生活情境和实际工作需要的方法技巧、操作手段以及解决问题的能力。2020 年 11 月，《中共中央关于制定国民经济和社会发展第十四个五年规划和二〇三五年远景目标的建议》提出，将加强技能型人才培养[2]。2021 年 4 月，全国职业教育大会传达习近平总书记关于发展职业教

---

[1] 北京师联教育科学研究所 . 霍华德·加德纳多元智能理论与教育论著选读 [M]. 北京：中国环境科学出版社，2006：269.

[2] 中华人民共和国中央人民政府 . 中共中央关于制定国民经济和社会发展第十四个五年规划和二〇三五年远景目标的建议 [EB/OL].（2020-11-03）[2025-02-21].https://www.gov.cn/zhengce/2020-11/03/content_5556991.htm

育的重要指示，加快构建现代职业教育体系，培养更多高素质技术技能人才。[1]这一表述已成为我国新时期构建新发展格局的重要举措，它预示着职业教育技能人才时代已然来临。可见，上述举措与职业教育服务型技能能力人才培养目标具有高度的一致性，它不仅是技能型社会建设的关键支撑，同时也是我国职业教育高质量评价的重要内容。然而，从实际情况上来看，职业教育服务型人才培养仍广泛采用以"纸笔"为中心的评价范式，并且已经根深蒂固地成为评价主体的"心理图式"，即评价主体在实际评价中偏重效率化以及传统化的试卷、问卷、作业等评价方式，以达到培养对象获取专业技能的目的，可想而知，这种评价方式既偏离了职业教育服务型人才培养的类型属性，同时更不能充分培养学生的技能能力。具体而言，一方面，以"纸笔"为中心的评价结构无法取代技能能力的培养。众所周知，学生技能能力需依托于先进的教学设施设备、实践平台、实训环境以及固定的流程得以操作，但"纸笔"评价的考试内容难以帮助学生全面理解与呈现整体化的技术流程，如可测试学生对知识原理的理解，却无法评估其实际操作技能，可见，这种"纸笔"评价模式与实践技能间的脱节现象，阻碍了服务型人才培养建立整体性与系统性的思维方式，更不利于培养对象在面对复杂问题时通过思考形成自己的实践逻辑。另一方面，以"纸笔"为中心的评价结构的片面性遮蔽了技能能力的培养。职业教育服务型人才培养的"纸笔"评价过于理论化和机械化，并将技能能力与评价学生是否具有劳动精神混为一谈，同时也缺乏与市场岗位要求对接的能力评价模式，使得培养对象的技能能力不足，即"纸笔"评价模式及内容相对陈旧，无法满足新时代企业或行业发展的需求，究其原因，大部分职业院校仍存在着技能设施条件不足的现象，如针对调研发现，53.1%没有获得实训基地学习机会，难以实现基于真实工作情境的深度学习和技能内化。[2]因此，以"纸笔"为中心的评价结构在一定程度上弱化了服务型人才的技能能力。

---

[1] 人民日报.习近平对职业教育工作作出重要指示 [N].人民日报，2021-04-14（01）.

[2] 李文，许艳丽.工作世界的变革与"职能＋职业教育"的应对 [J].高等工程教育研究，2021（02）：171.

（三）以"纸笔"为中心的评价结构弱化了服务型人才的创新能力

所谓创新能力是指在前人发现或发明的基础上，通过自身努力创造性地提出新的发现、发明或改进新的方案的能力，也是指怀疑、批判和调查的能力，是研究者运用知识和理论，在科学、艺术、技术和各种实践活动领域中，不断提供具有经济价值、社会价值、生态价值的新思想、新理论、新方法和新发明的能力。[1]反观职业教育人才培养的创新能力，作为衡量服务型人才培养的重要指标，它是在理论与实践学习过程中，基于创新知识，创新意识、行动等来实现创新成果转化的能力，它既是我国职业教育迈向高质量发展的核心要素，同时也是新时代社会对职业教育提出的新要求。从职业教育改革客观要求上来看，2015年7月，教育部颁布《教育部关于深化职业教育教学改革全面提高人才培养质量的若干意见》指出，要完善创新教育目标要求及创新人才培养模式。[2]2021年10月，国务院办公厅颁布《关于进一步支持大学生创新创业的指导意见》指出，将创新创业教育贯穿人才培养全过程，建立以创新创业为导向的新型人才培养模式。[3]党的二十大报告指出，要加快实施我国创新驱动发展战略。职业教育人才培养群体作为我国现代化建设的主力军，创新能力作为高素质高技能人才培养的关键所在，必然要求评价主体将创新能力放在服务型人才培养的突出位置。人才培养过程中激发学生创新思维，提升创新能力，使其成为适应社会经济发展需要的竞争优势人才，这对科技创新强国战略目标的实现具有重要意义。在面对上述系列要求的同时，其评价涉及完整且全面的行动逻辑，并伴随着人才培养需求的变化而调整。现阶段，人才培养的创新能力评价研究问题也不鲜见，未能准确把握创新能力评价的价值导向，亟待取得更多共识。[4]研究现状的背后

[1] 王娇，李月波，陈亮.新时代大学生教育引领创新研究 [M].北京：北京燕山出版社，2023：121.

[2] 中华人民共和国教育部.教育部关于深化职业教育教学改革全面提高人才培养质量的若干意见 [EB/OL].（2015-07-29）[2025-02-21].http：//www.moe.gov.cn/srcsite/A07/moe_953/201508/t20150817_200583.html

[3] 中华人民共和国中央人民政府.国务院办公厅关于进一步支持大学生创新创业的指导意见 [EB/OL].（2021-09-22）[2025-02-21].https：//www.gov.cn/zhengce/zhengceku/2021-10/12/content_5642037.htm

[4] 钟柏昌，龚佳欣.学生创新能力评价：核心要素、问题与展望——基于中文核心期刊论文的系统综述 [J].中国远程教育，2022（09）：39.

蕴藏着采用以"纸笔"为中心的评价方式已难以适应服务型人才培养发展的需求。具言之，创新能力作为一种综合性的能力，其内涵急剧变化，既超越了简单的专业化理论知识，更是指向于真实情景中面对问题的思维逻辑和行为策略，而在"纸笔"评价结构中，则只能评估出学生对创新知识原理的理解，但无法评估培养对象的发散性思维，更无法对其探索问题的敏锐性、转移经验的能力、倾向思维能力以及评价综合能力等进行测量，由此可见，以"纸笔"为中心的评价并未促进人才培养创新能力工作的改进及提升。更进一步说，以"纸笔"为中心的评价体系不具有针对性，不能凸显创新教育的实践性、创造性等特点，尤其在书本理论知识、商业案例分析、调研报告等评价标准中未能充分体现其特色要求，忽视了学生创新能力培养的广度及深度以及"内涵式"的发展特色（如创新智能、创新基础、创新方法等），如在商业案例分析中，仅能够对所提供的数据进行分析，却无法使学生能够真正体验市场的动态变化，进而逐渐成为"纸笔"的奴隶。诚如斯坦福皮切诺（Ray pecheone）教授指出，以"纸笔"为中心的标准化测试并没有支持学生取得大学和职业的成功，也没有激励他们成为有好奇心、有创造力的创新人才。[1]

（四）以"纸笔"为中心的评价结构弱化了服务型人才的职业素养

职业素养是职业教育服务型人才培养评价的关键环节，同时也是增强学生未来可持续发展、提升自我认知以及发挥主观能动性的必然要求。2020年9月，教育部、国家发展改革委等九部门联合印发《职业教育提质培优行动计划（2020—2023年）》提出："完善职业学校评价制度、把职业道德、职业素养、技术技能水平、就业质量和创业能力作为衡量人才培养质量的重要内容。"[2]可见，职业素养的评价值取向已然成为职业教育服务型人才培养的重要标尺。所谓职业素养是指职业内在的规范和要求，是在职业教育过程中表现出来的综合品

---

[1] 周文叶，陈铭洲.指向深度学习的表现性评价——访斯坦福大学评价、学习与公平中心主任 Ray Pecheone 教授 [J].全球教育展望，2017（07）：4.

[2] 中华人民共和国教育部.教育部等九部门关于印发《职业教育提质培优行动计划（2020—2023年）》的通知 [EB/OL].（2020-09-23）[2025-02-22].http://www.moe.gov.cn/srcsite/A07/zcs_zhgg/202009/t20200929_492299.html

质，包含职业道德、职业技能、职业行为、职业意识等方面。[1] 近年来，在职业教育领域，以"纸笔"为中心的评价轻能力重知识，难以有效评价能力素养，其结构更是弱化了服务型人才的职业素养，并在一定程度上违背了作为服务型人才的综合且全面发展性，具体体现在评价体系、评价内容、评价灵活性及导向性三方面。首先，从评价体系性上来看，纵观职业教育人才培养评价体系，倾向以"纸笔"为中心的评价手段，弱化了影响服务型人才职业素养的诸多匹配要素，如教学环节的设计、课程体系的设定、优质师资的建设等问题。换句话说，这些评价要素结构的设定在很大程度上与服务型人才的职业素养内容相关，唯有优化职业素养评价体系内容要素，才能从根本上保障服务型人才职业素养的针对性。其次，从评价内容上来看，通过对职业教育服务型人才的职业素养评价情况调研得知，职业素养作为延伸性评价，服务型人才的职业素养评价指标更多是以"纸笔"评价为导向，其内容更多的是在理论上套用相关研究以及行业评价内容，虽然在一定程度上会符合某一职业岗位的要求，但"纸笔"评价内容的偏颇性必然会在评价结果上产生与社会需求脱节的现象。由此可见，以"纸笔"为中心的评价结构能够胜任未来职业岗位需求和充分体现职业素养，确实值得商榷。最后，从评价灵活性及导向性上来看，众所周知，以"纸笔"为中心的评价结构更多地侧重于评价学生对专业技能和理论知识的掌握程度，缺乏后续依据企（行）业发展需求或趋势来调整学生职业素的指标评价，这种缺少灵活性及导向性的评价指标结构，并不符合服务型人才培养目标的"职业性""精准性"以及"实践性"的初衷和任务。可见，以"纸笔"为中心的评价结构弱化了职业素养的特点。

（五）以"纸笔"为中心的评价结构弱化了服务型人才的可持续发展能力

根据联合国教科文组织在其文件《修订的关于技术与职业教育的建议：2001》中指出，学生可持续发展能力是个性和性格的和谐发展；培养精神价值和人的价值；培养理解能力、判断能力、鉴别能力、自我表达能力；通过发展智力、技能和态度，具备终身学习的条件；发展决策能力，参与团队工作的能力，

---

[1] 刘永亮.高职院校文化育人的理论与实践探索 [M].北京：北京理工大学出版社，2022：114.

担任领导的素质和能力；应对信息技术飞速发展的能力。[1] 从上述定义中不难得知，可持续发展能力不仅能够帮助学习个体更合理更科学地驾驭由数字化所带来的更多的闲暇时间， 同时能够帮助学习者适应政治、经济以及文化转型所带来的各种认知角色的要求。[2] 可见，职业教育服务型人才作为一项长期且整体的培养，其可持续化发展能力并非通过某一学段就得以实现的， 更不是在某学制结束后就可以"一蹴而就"的事情。进一步来说，职业教育作为"掌握专业技术技能和理论知识"的机构，其服务型人才培养的目的不仅限于表层知识的掌握，更需要培养学生的可持续化发展能力。提升服务型人才培养质量的关键是基于多视角、多层面的评价方式不断改进其方案，为职业教育服务型人才构筑全面化发展的内容框架与提升路径，而仅通过以"纸笔"为中心的片面评价方式则难以达成学生的可持续发展能力，其背后归因可从"纸笔"评价的性质、起点以及实效三方面加以分析。一是以"纸笔"为中心的评价结构的性质上来看，以"纸笔"为中心的评价直接勾画了"看得见摸得着"的轨迹属性，这必然使得其评价在内容上呈现单一化且无法全面考查学生某种能力的特点，因为服务型人才的可持续发展能力的培养，直接关乎学生核心素养的发展、美好生活需要以及专业理论知识与增值逻辑的匹配程度。可见，以"纸笔"为中心的评价性质造成了与可持续化发展的严重脱节。二是从以"纸笔"为中心评价结构的起点上看，当前以"纸笔"为中心的评价结构直接锚定在服务型人才培养的阶段性价值上，即长期注重专业技能型人才的培养模式，为社会各行各业培养所需规格基本相同的同质性的"标准产品"，单纯注重学生专业认知能力的培养，忽视了人的全面可持续发展。[3] 进一步说，服务型人才培养评价过程往往被限定于以标准化考试、实训报告、问卷测试等为载体的框架之中，而"形式表象"下的可持续发展能力（如鉴别能力、判断能力、应对数字化发展的能力等）则被隐藏。因为，当以"纸笔"为中心的评价关注点集中于以显性考评为核心时，往往会使得我们弱化结构之外的潜在性和可能性。三是以"纸笔"为中心的评

[1] 苏云锋，王德洪.中国铁路职业与教育 第1辑 第1卷 总第1卷 [M].武汉：华中科技大学出版社，2022：140.

[2] 汤颖.论终身教育背景下的学校教育价值取向 [J].成人教育，2013（11）：74.

[3] 廖晓衡.新发展理念下我国高等教育高质量发展的实践困境及其超越 [J].国家教育行政学院学报，2022（03）：32.

价结构生成服务型人才可持续发展能力的效能边界。以"纸笔"为中心的评价结构在很大程度上存在可持续发展能力的实践性与"纸笔"评价理论化或单一化之间的结构性冲突，如学生可在"纸笔"评价中侧重考察可持续化发展概念记忆，但无法评估实际应用能力。由此可见，运用以"纸笔"为中心的评价研判服务型人才培养的全貌，不仅会使评价效用相对短视，同时更无法实现可持续化能力培养的效能增值。

三、过程异化：以"结果"为导向的评价过程削弱了服务型人才的增值效应

职业教育为提升服务型人才培养评价的公开性及客观性，一度强化人才培养评价的显性价值判定作用，这就必然会陷入以"结果"为指向性的评价过程，并在一定程度上形塑了标准化以及统一化的价值认可系统，职业教育服务型人才培养评价结构也在此背景下固化成型。2020年10月，中共中央、国务院印发《深化新时代教育评价改革总体方案》明确指出，要改进结果评价，强化过程评价，探索增值评价，健全综合评价，充分利用信息技术，提高教育评价的科学性、专业性、客观性。[1] 在上述政策的推动下，深化评价改革，优化人才培养评价结构，发挥人才培养应有价值效用，已然成为职业教育服务型人才培养评价的必然选择。然而，职业教育服务型人才培养评价作为一项复杂性与系统性工程，其评价过程中必然会呈现诸多要素特征，评价内容更具复合性。由此，探赜以"结果"为导向的职业教育服务型人才的增值效应，应从职业发展、发展潜能、个体需求以及社会责任等几方面进行审视。

（一）以"结果"为导向的评价过程削减服务型人才的职业发展

从一般意义上而言，职业教育人才培养的目的不仅是让学生掌握本专业基本理论知识和实践技能，更重要的是为了能够满足社会经济发展对专业技能

---

[1] 中华人民共和国中央人民政府.中共中央 国务院印发《深化新时代教育评价改革总体方案》[EB/OL].（2020-10-13）[2025-02-25].https://www.gov.cn/gongbao/content/2020/content_5554488.htm

型人才的需求。面对信息时代，规划未来职业，必须善于在动荡的行业之间把握住那些即将发生的趋势，一方面是传统的职业整合了新的运作模式；另一方面是新兴职业层出不穷，了解当前职业发展趋势对学生职业生涯具有重要的意义。[1]而实际上，职业教育服务型人才培养在某种程度上所满足于社会需求比例较低，也就是说能力培养在内容的连续性以及系统性上并不理想，审视当下，"职业教育发展不强、不优、不活"的集中表现，就在于职业教育的人才培养质量不高，其实质是职业教育的人才培养质量不能满足企业的优质、多元需求，或者说是技能人才供给不足以匹配企业的需求。[2]其背后原因主要在于，长期以来以"结果"为导向的评价过程通常倾向于"效率化"或"功利化"，将评价结果等同于评价目的，强调运用标准化以及统一化的价值尺度对服务型人才的优劣性、等级性等进行衡量及判断，并在此过程中更多地关注培养对象"看得见摸得着"的评价结果，如评价主要关注于学生学习的结果，通过几次大型的考试来评估学生的学习水平，[3]在很大程度上削减了学生长期的职业发展及职业生涯。另外，以"结果"为导向的评价过程也难以评价服务型人才的创新能力、创造能力、思维能力等，无法支持可持续发展教育。最重要的是，以"结果"为导向的评价过程与未来职业发展以及社会需求可能存在"迟滞"现象，即社会发展推动知识生产的变革，不断更新的知识、技能对个体的原有知识框架与学习能力提出的挑战，[4]追求以"结果"为导向的评价过程早已不再适应新时代动态发展的社会环境及结构。除此之外，现实中部分职业院校的人才培养评价机制并没有形成社会性的泛教育工作理念，对学生未来职业发展规划缺乏针对性、理性化以及科学化的指导与制定，这就造成了学生毕业后踏入社会，其自身从事职业活动的价值体现并不明显，甚至毕业后的学生在未来职业发展过程中还需要再次进行额外的培训，使之胜任未来的职业发展的需要。

[1] 沈小军.职业生涯规划与大学生就业指导研究 [M].北京：中国商务出版社，2023：32.

[2] 胡劲松，欧阳恩剑.职业教育校企合作的法律制度建构——法律制度生成理论的视角 [J].教育研究，2018（01）：75.

[3] 庄西真.论增值评价对职业教育高质量发展的意义 [J].中国职业技术教育，2021（02）：14.

[4] 杨琪琪，蔡文伯.结果导向下大学人才培养考评制度的证据检视与革新 [J].黑龙江高教研究，2024（07）：32.

（二）以"结果"为导向的评价过程削减服务型人才的发展潜能

所谓服务型人才的发展潜能是指存在于学生个体之中的，且未来能够从事或胜任某种职业的能力，它是职业能力潜在的一种状态，也就是说学生能够在未来工作岗位中胜任其相关要求，同时又能够保证其职业发展有充足的后劲和潜能。因此，服务型人才的发展潜能是学生就业后的自我提升和自我发展的重要支柱。根据美国学者莱尔 . M. 斯潘塞（Signe M·Spencer）提出的"冰山模型"，指出知识和技能是裸露在水面上的表层部分，这部分容易被观测和模仿，而潜藏于水下的深层部分，[1] 如发展潜能，则难以被测量、评价以及改变。然而，当前以"结果"为导向的评价过程的服务型人才职业专业技能的提高就是"冰山以上部分"，而学生职业发展潜能的培养则为"冰山以下部分"。如在"结果"为导向的评价中，服务型人才培养分为职业素养潜在层、职业目标中间层、专业知识和技能的表面层等三个维度，其占比分别为 1/10、3/10 以及 6/10。再如，通过现实调研发现，70.9% 的被调查者反映，所在学校开展人才培养质量评价的方式常常以教师在课堂出勤、回答问题、完成作业及课程考试等环节中对学生表现的赋分高低来衡量学生整体培养质量的好坏，[2] 缺失了对服务型人才的情感认知、职业道德等发展潜能的培养。从数据中不难看出，以"结果"为导向的评价过程削减了服务型人才的潜在层，其背后逻辑及归因在于，以"结果"为导向的评价过程过于注重人才培养预期目标和行动结果的一致性，由于其"结果"评价明确的指向性特点使其指标更容易被多元主体所接受，因此在很大程度上提升了服务型人才的"育人效率"。当然，服务型人才培养评价系统中的多元主体在反馈过程中不断强化"结果"导向，那些真正而又无法衡量的发展潜能却被隐藏于"幕后"，从而呈现出上述数据的典型特征。也就是说，当服务型人才培养评价陷入上述的指标设定中，就会落入运用"线性思维"方式解答人才培养问题的误区，对人才培养的研判及衡量不仅会带有一种"单向度的

[1] 左铮云，朱卫丰，康胜利 . 双惟新论 [M]. 北京：中国中医药出版社，2016：187-188.

[2] 孟然，宝银昌，赵炬 . 新时代背景下高职院校人才培养质量评价模式价值逻辑：应然、异化与回归 [J]. 机械职业教育，2025（01）：14.

思维和行为模式"[1]的障碍，同时也会把培养对象的发展界定为一种"工程化""工厂化"的假设，忽视了培养对象具有无限的发展潜能，将职业教育服务型人才培养阶段的固定化指标等同于学生所具有的基本理论和专业能力，缺乏对服务型人才的内在价值的挖掘，从而制约服务型人才的发展潜能。

（三）以"结果"为导向的评价过程削减服务型人才的个体需求

服务型人才作为一种职业教育形式，其目的是以社会市场需求为导向，为服务国家建设和发展输送高质量、高素质的技术技能型人才，为此以"结果"为导向的评价不能仅囿于专业化的技术技能，也需要注重提升和关注于学生的个体需要。同样实践也证明，以服务型职业教育为目的培养出来的人才，除了具备较强的专业技能和理论知识外，其注重个体需求的培养更能够在未来生计和工作岗位中获得更多的主动权，因为人的发展是职业教育的永恒议题，而个体需求则是职业教育所追求的理想。所谓服务型人才的个体需求主要包括生计需要和发展需求，生计需要集中体现为就业需要，而发展需要有两种，一种是升学需要，另一种是掌握一些对他们"今后想做的事情"有用的知识和技能，故而对个体需求特点与变化必须给予持续的关注。[2] 然而，从现实情况来看，关于以"结果"为导向的评价过程与学生个体需求之间存在着固有的"二律背反"现象，即服务型人才为了争取内在的个体需求，为维护自身利益和实现自我个性化需求，一直和以"结果"为导向评价者（如学校、教师等）处于"争吵"之中；而以"结果"为导向的评价过程则视为一个与学生主观能动性及个体需求无关的，完全由外部评价标准和模式加以干涉，为了追求实际的教育教学成果和效果，常常以满足外部条件和获取相应利益为核心的评价，[3] 其学生个体需求的话语空间被"挤压"，进而消解了学生的真实诉求和表达自己的看法。可见，在以"结果"为导向的评价过程和学生个体需求之间不仅存在着较大的

---

[1] 马尔库塞.单向度的人——发达工业社会意识形态研究[M].刘继，译.上海：上海译文出版社，2008：23.

[2] 何应林.高职学生职业技能与职业精神融合培养研究[M].杭州：浙江大学出版社，2019：136.

[3] 朱永丽，李同同.高职学生职业能力增值评价：理论逻辑及其实现框架[J].中国职业技术教育，2023（24）：85.

差异性，同时在一定程度上也削减了服务型人才的个体化需求的考量，这种错误的做法既舍弃了对服务型人才培养评价发展效用的探索，同时也放弃了对职业教育学生个性化需求本质的追求。进一步来说，当前以"结果"为导向的评价过程通常更加关注于学生外在专业技能，强调服务型人才专业技能的掌握程度，诸如对学生生计、兴趣与特长、文化认同等内在的个体培养则容易被削减，这种以"结果"为导向的评价结果不再是一份具有真实性及合理性的"体检表"，而是成为被培养对象的"艺术照"。可见，这种以"结果"为导向的评价过程所缺少针对学生个体需求因素的设计，并非遵循着"育人为本"的评价逻辑，在削减了服务型人才培养的个体需求差异性的同时，既难以全面了解和掌握学生个体的成长情况，同时又制约着服务型人才自身潜能的充分发挥。长此以往，服务型人才的培养最终陷入了"工具人"角色，学生个体需求的内在动力性不足，最终导致服务型人才在未来社会岗位中失去了可持续发展的竞争力。

（四）以"结果"为导向的评价过程削减服务型人才的社会责任

新时代背景下，社会责任是衡量职业教育服务型人才的重要指标之一，实现民族兴旺和社会经济的发展需要职业教育服务型人才承担更多社会责任。所谓服务型人才的社会责任是指教育者根据社会对学生所提出的社会责任要求，遵循学生思想道德发展规律，有计划、有目的地对学生进行以"责任"为核心的教育和培养，使他们掌握一定的责任规范并通过内心体验，逐步形成社会责任意识，养成社会责任行为的教育活动。[1] 可见，服务型人才的社会责任作为一项实践活动，其重要性并非只是按照简单化的透镜方式进行规划，诚如美国学者斯科特（Scott）所言，把错综复杂的社会浓缩为一张"简略的地图"的后果往往是"忽略真实的和活生生的社会秩序的基本特征"。[2] 因此，评价结果必须尊重其内在规律性和长期性，以此来保证学生能够在未来职业发展中更具优势的同时，促进国家建设和社会和谐发展。然而，以"结果"为导向的评价过程

---

[1] 商夏.淬炼新时代奋斗精神：大学生社会责任担当意识培育路径探究 [J]. 教育探索，2025（01）：72.
[2] [美] 詹姆斯·C. 斯科特 . 国家的视角：那些试图改善人类状况的项目是如何失败的 [M]. 王晓毅，译 . 北京：社会科学文献出版社，2012：3-6.

运用科学化的"计量方式"提升服务型人才培养的统一化，以适应职业教育规模化人才培养的现实需求，但忽视和抹杀了评价实质是一种动态性的过程，即服务型人才养成社会责任感的价值意识的缺失与弱化，即评价结构在实际操作过程中所纳入的部分指标较为稳定，往往偏重功利目标，并过多关心于评价标准，对于学生可持续化的发展关注则较少，尤其是在社会责任评价方面极为欠缺，也没有相应的评价标准，难以清晰化和系统化地设计服务型人才社会责任的评价策略及方式。虽然，近些年来我国出台了有关职业教育人才培养的诸多政策性文件，如《关于推动现代职业教育高质量发展的意见》《关于职业院校专业人才培养方案制订与实施工作的指导意见》等，对于进一步加强职业教育人才培养的主要思想、内容以及原则等做以详细规定，其所具有的抽象性和原则性特点，为服务型人才培养提供了有力参考和重要支撑，然而，根据现有调查可知，"你毕业后为了什么而努力？"时，74.2%的大学生回答是"既为社会也为个人"，真正"为了民族的振兴、国家的富强"仅为9.7%，而不太明确的占10.5%。[1]再如，社会责任感、集体主义精神等总是被学校挂在嘴边，而在以"结果"为导向的评价中，鲜有与相关指标匹配的选项。从上述数据及例子来看，职业教育服务型人才培养在以"结果"为导向的评价中，尚未直接转化为服务型人才培养评价标准，即使存在也仍处于一种"散打"的状态。

四、时间异化：以"占位"为逻辑的评价破坏了服务型人才的成长节奏

所谓以"占位"为逻辑的评价是指对服务型人才在形式结构上的必要性认可，但在实际人才培养功能上却被虚置或弱化，换句话说，这种以"占位"评价方式只关注于服务型人才评价指标的达成度，而非人才培养本质目标的实现。2010年下发的《国家中长期教育改革和发展规划纲要（2010—2020）》指出，教育要做到尊重教育规律和学生的身心发展规律，[2]可以说把促进学生健康成

---

[1] 崔乃鑫. 大学生社会责任感缺失的原因和教育对策 [J]. 现代教育管理，2010（05）：111.

[2] 中华人民共和国教育法律法规全书 含全部规章及法律解释 2020 版 [M]. 北京：中国法治出版社，2019：38.

长作为教育工作的出发点和落脚点，[1] 这对教育评价的实施方式提供了明确的指引。然而，当前以"占位"为逻辑的评价后效却破坏了服务型人才的这种成长节奏，即自然节奏、心理健康节奏、多元发展节奏以及教育公平节奏，从而在一定程度上制约了职业教育评价改革整体功效的最大化。

（一）以"占位"为逻辑的评价后效破坏了服务型人才成长的自然节奏

马克思主义教育观认为，学生的成长过程是运动发展的，这种发展是可以进行归纳、总结、学习以及掌握的。这种成长过程中所处的稳定关系可被称为自然节奏。职业教育服务型人才成长不仅是对理论知识及专业技能水平的提升，更是对"自然人"向"社会人"有序进化以及"知识数量"向"知识体系"有序完善的过程。因此，可以说，职业教育服务型人才成长的自然节奏实际上回到了"如何培养人"的根本性问题，体现了习近平总书记关于青年学生成长成才的要求和"择天下英才而用之"的重要思想。服务型人才是我国职业教育的根本对象，是我国未来构筑人才高地的主体骨干。然而，当前揭示以"占位"为逻辑的评价破坏服务型人才成长的自然发展节奏是职业教育研究的首要话题。具体而言，一是以"站位"为逻辑的评价，将服务型人才成长节奏绝对化、公式化。在实际评价中，通过建立标准且统一答案的方式，扼杀及破坏了服务型人才成长的节奏，当然这种方式虽然在一定程度上夯实了服务型人才的专业及理论知识，但同时也带来了主体性自由的丧失，即学生顺从于学校及教师的培养模式，依照"整齐划一"作答方式才能称之为"正确"，而不能依据个体需求，如兴趣爱好、情意功效等灵活选择成长轨迹。可见，这种以"占位"为逻辑的评价相当于建立一个"模具"，学校及教师将学生放入"模具"中，以此塑造同样的"产品"，这种方式严重违背了职业教育人才培养的规律性和成长性。二是以"占位"为逻辑的评价破坏了服务型人才的"最近发展区"。根据苏联心理学家维果茨基（Lev Vygotsky）的"最近发展区"理论，认为现有水平和潜在发

---

[1] 中华人民共和国教育部. 国务院关于实施《国家中长期教育改革和发展规划纲要（2010—2020 年）》工作情况的报告——2011 年 12 月 28 日在第十一届全国人民代表大会常务委员会第二十四次会议上 [EB/OL].（2011-12-29）[2025-02-25].http://www.moe.gov.cn/jyb_xwfb/moe_176/201112/t20111229_128730.html

展水平作为学生发展的两种水平，其两者间的差距就是"最近发展区"。维果茨基提出"教育要走在发展的前面"。以此理论，职业教育服务型人才培养要参考"最近发展区的常态"，所谓最近发展区常态就是学生最近发展区的参照系，它代表着学生最近发展区的一般状态，养成教育目标的设置要把握学生"最近发展区的动态性"，依据学生道德发展实际水平和潜在水平的一般状态，为学生提供带有难度的目标，调动学生的积极性，发挥学生潜能超越最近发展区。[1] 而以"占位"为逻辑的评价"评什么"，那么在一定程度上就决定了教师"教什么"、学生"学什么"，从而破坏了这种"最近发展区"潜在可能性，在缺乏合理制定服务型人才培养目的的同时，忽视了学生成长过程的差异化及身心发展水平的差异，违背了服务型人才培养成长规律的内在要求。

（二）以"占位"为逻辑的评价破坏了服务型人才成长的心理健康节奏

心理健康不仅关乎学生健康成长和健康社会心态的培育，也是对新时代"培养什么人、如何培养人、为谁培养人"这个教育根本问题的重要回答。深刻领会习近平总书记关于学生心理健康重要论述的思想内涵，[2] 为当前职业教育人才培养评价问题带来深刻反思。当前，以"占位"为逻辑的评价破坏了服务型人才成长的心理健康，主要表现在如下三方面。一是"占位"评价破坏了服务型人才心理健康的差异性规律。毋庸置疑，人的心理发展具有差异性特点，职业教育服务型人才也同样如此。然而，以"占位"为逻辑的评价体系破坏了这一规律性，如学校采用"纸笔"的"占位"方式对学生作以评价，这种评价方式既不利于学生充分且个性化发展，同时也抑制着服务型人才的创造力发展。二是"占位"评价破坏了服务型人才心理健康的整体性规律。总体来看，人的心理发展具有整体性特点，并非单个心理成分的片面化发展。发展心理学和认知心理学研究表明，当学习者与相互关联的观念发生际遇的时候学得最好，因为

---

[1] 中国职业技术教育学会.职业教育 质量吸引力 可持续发展 中国职业技术教育学会2009年学术年会论文集[M].北京：人民教育出版社，2010：266.

[2] 王占仁.习近平总书记关于学生心理健康重要论述的思想内涵[J].思想理论教育导刊,2024（01）：137.

学习者的心理具有整体性。[1] 然而，以"占位"为逻辑的评价，则基本上侧重于服务型人才学科技能和专业知识方面的评价，偏离了与具体情景相结合，以实现最佳效能的评价样态，由此很容易导致服务型人才发展走向"畸形"，他们除了应付统一化的评价内容之外，其他方面的偏颇性，必然产生服务型人才心理健康整体性规律的"缺失"。三是"占位"评价破坏了服务型人才心理健康的顺序性规律。普遍的事实表明，人的心理发展具有顺序性特点。对于培养服务型人才而言，本应遵循"综合素质—专业学科知识—服务社会"的基本顺序，然而，以"占位"为逻辑的评价过程中，在指向效率或结果评价的基础上，将专业学科知识放在首要位置，并直指"社会本位"，却在一定程度上忽视了学生综合素质的评价，如品德、创造力、身体素质等。其实，大量研究也同样表明，职业学校服务型人才在某种程度上尚未具备高深专业理论与技能的年龄特征和综合素质基础，故遵循服务型人才的心理健康顺序性规律亟须扭转评价重心，是未来职业教育人才培养评价的关键所在。

（三）以"占位"为逻辑的评价破坏了服务型人才成长的多元发展节奏

根据心理学家霍华德·加德纳（Howard garner）多元智力理论认为，每一个人的智能都具有多元化，其具有相对独立存在的、与特定的认知领域或知识范畴相联系。[2] 在现实场域中，任何一项基本活动或重要任务的完成都基于多元智能的作用。同时，加德纳还指出，每一个人所具有的多元智能所呈现的常态或状态是不一样的，主要由不同社会文化场域及教育环境所影响，因此，这也就决定了学生多元化发展的必然性。事实上，新形势下的职业教育改革不断深化，回归人本的生命教育得到共识，基于此指导，培养学生内生于心的生长秩序及成长规律，立足于新时代社会经济的现实需求，促进学生多元化发展。然而，当前以"占位"为逻辑的评价所呈现的线性化与片面化特点，主要强调统一性与共性，以此破坏了服务型人才成长的多元化发展，其背后归因于如下两

---

[1] 高有华. 国际课程专家的课程视野 [M]. 安徽师范大学出版社，2012：211.

[2] 北京师联教育科学研究所. 霍华德·加德纳多元智能理论与教育论著选读 [M]. 北京：中国环境科学出版社，2006：39.

方面。一是"站位"评价的线性化破坏了服务型人才成长的多元化发展。以"占位"为逻辑的评价过程，其程序设定基本不会改变，评价过程就是评价主体采用模式化的方式对服务型人才施加"单向"评价的过程，以此呈现出线性化特征。这种"占位"评价方式不仅无法展现服务型人才发展的真实情况，更会忽视服务型人才的个体发展多元化。有学者指出，以"占位"为逻辑的评价"是以片面维度的评价作为实施特定整体教育质量管理措施的核心依据，这实质上也是'小评价大应用'问题或片面独断型教育评价问题，这种评价因为评价不全面、不科学和不公平而被归入不合理的教育生态位置，逐渐隔断与周围世界的合理关系"。[1] 由此可见，线性化评价过程在忽视各要素互动性的同时，加剧了对服务型人才成长多元化节奏的破坏。二是"站位"评价的片面化甄别破坏了服务型人才成长的多元化发展。迄今为止，"占位"评价一直被视为最重要的功能，学生评价的甄别性也未发生过根本性的改变，这就导致了"适合教育学生"的评价偏差。进一步而言，以"占位"为逻辑的评价破坏了服务型人才的多元化发展功能，在归纳考核项目、制定考核标准的时候，承载了太多的"责任本位"，让学生总想着全方位、全过程地对学生进行调教，其长远的负面影响，是把一个个鲜活的人调教成了"服从高于自主、听话高于思想，接受高于创造，一致高于独立的'形塑人'"。[2] 评价主体更是往往用大量的时间和精力对学生进行等级划分及评定，而不是为学生的多元化且全面化发展服务，更不是创造"适合学生的教育"，进而阻碍了服务型人才高质量发展目标的实现。

（四）以"占位"为逻辑的评价破坏了服务型人才的公平节奏

习近平总书记指出，要努力让人民享有更好更公平的教育。[3]进入新时代，办好人民满意的教育，将公平纳入职业教育综合改革的各环节之中是重要议题。高质量教育公平旨在尽力提高全体国民德智体美劳等全面素质，而重智育轻德育、重分数轻品德、重视部分学生轻视另一部分学生的教育不是高质量、公平

---

[1] 余清臣 . 面向良好教育生态的教育评价学科建设 [J]. 中国考试，2024（05）：10.

[2] 刘勇 . 学生综合素质评价方式改革的理性思考 [J]. 教学与管理，2013（03）：74.

[3] 中华人民共和国教育部 . 教育改革：让人民享有更好更公平的教育 [EB/OL]. （2021-06-09）[2025-02-23].http://www.moe.gov.cn/jyb_xwfb/s5147/202106/t20210609_536812.html

的教育，而是低质量、不公平的教育。[1] 因此，公平节奏强调所有的学生都应该获得优质的教育机会，但绝对不是为所有学生提供完全相同的教育，而是为不同的学生提供适合自身的发展基础和发展需求的教育，做到"因材施教"。[2] 然而，以"占位"为逻辑的评价所具有的局限性以及倾向性必然会导致和破坏服务型人才的公平格局，具体表现在起点、过程以及结果等三个方面。一是在服务型人才培养的起点方面，其诸多因素存在着差异性，如职业教育发展水平、学生前期的受教育水平、教师专业化发展程度等，其与普通教育相比其起点相对较低，以单一化、机械化的"站位"为逻辑的评价无法应对多元化的人才结构，致使在很大程度上消除了服务型人才培养的个体差异性，进而不利于职业教育的公平公正。二是在服务型人才培养的过程方面，以课程为例，其课程划分为必修课程和选修课程两种，其重要程度的高低等级在一定意义上凸显了"占位"评价的课程倾向性，并在很大程度上干扰了服务型人才培养对知识类型的客观性认知，从而加剧了教育不公平现象的产生。再如，以"占位"为逻辑的评价并不均等地适用于所有学生，毕竟每个学生有其自身的优势与劣势，因此是不公平的，诚如联合国教科文组织报告《学会生存：教育世界的今天和明天》中指出，给每个人平等的机会，并不是指名义上的平等，即对每一个人一视同仁，如目前许多人所认为的那样。机会平等是要让每一个人都能接受适当的教育，而且这种教育的进度和方法是适合个人特点的。[3] 三是在服务型人才培养的结果方面，其诸多因素存在着不均衡性，如各地区发展水平、职业院校发展水平、社会声誉影响力、就业质量以及学生所掌握的技术技能水平等，采用以"占位"为逻辑的评价并不能从根本上真实反映出服务型人才培养本身对其的影响，更不能反映出服务型人才的薄弱及优势所在。可见，这种缺乏针对性的服务型人才培养方式必然会加剧后续不公平现象的产生。

[1] 郝文武.高质量教育公平的本质特征及价值追求 [J].教育研究，2023（10）：30.

[2] 韩加强，高翠微，董俊玲.基础学科拔尖人才的早期培养：意义、原则与路径 [J].教育科学论坛，2024（34）：34.

[3] 联合国教科文组织国际教育发展委员会.学会生存：教育世界的今天和明天 [M].北京：教育科学出版社，1996：105

第四章
职业教育温暖服务型
人才培养的立体评价理论探析

职业教育作为国家技术技能人才培养的主阵地，其评价体系的革新直接关乎人才培养质量与社会服务效能的提升。在新时代"以人为本"的教育理念与数字化转型的双重驱动下，传统职业教育评价模式面临深刻挑战。一方面，单一的结果性评价难以体现技术技能人才"职业素养＋服务意识"的复合能力特征；另一方面，标准化的评价范式与产业需求多样化、学生发展个性化的矛盾日益凸显。在此背景下，"温暖服务型人才"培养目标的确立，标志着职业教育从"工具理性"向"价值理性"的范式转型，既关注学生专业技能的习得，更强调服务精神、人文关怀等职业软实力的培育。由此衍生的立体评价理论，以《深化新时代教育评价改革总体方案》为政策指引，通过构建多维度、全流程、智能化的评价体系，为职业教育人才培养模式创新提供了理论支撑与实践路径。职业教育温暖服务型人才培养立体评价理论，本质上是对"培养什么人、怎样培养人、为谁培养人"这一教育根本问题的时代回应。既承袭职业教育产教融合的传统基因，又注入了数字智能的时代元素，更彰显教育评价促进人的全面发展的本质功能。这一理论框架的构建，不仅为破解职业教育评价碎片化、功利化难题提供解决方案，更为技术技能人才培育范式的转型升级开辟了新的理论视域。

一、职业教育温暖服务型人才培养立体评价的价值理性

（一）发展逻辑：职业教育超越"职业人"的"应然"

长期以来，社会对职业教育的功能认知存在单一经济功能的误差，认为职业教育只是培养"职业人"（或"经济人"），过分追求职业教育的功利性，即经济效益。而随着自动化技术和信息技术的普及以及知识生产周期的加快，对人才的职业素质提出了更高的要求，一个适于当代社会发展节奏和频率的工作者不仅要具备专业技能，更要有知识转换和创新的综合能力。因此职业教育的培养目标需要跳出培养"经济人"的定势思维，而转向以培养全面发展的"社会人"为培养目标。增值评价作为检验公共课程实施成效的有力工具，能够为教育对象和教育活动提供充分的参照性和符号性的价值判断，起到"纠偏"功能，引导职业教育公共课程按照预设的教学目标实现正向改进和发展。只有以更加关注学生关键能力和综合素质提升的增值评价来评估职业教育公共课程的实施效果，才能从根本上通过课程实效来助力学生成长，将学生从传统观念中的"职业人"解放出来，转变为具有自我更新能力和学习能力的完整的"社会人"。总的来说，职业教育温暖服务型人才立体评价既能通过公共课程本身对学生职业素养和综合素质的提升来实现学生角色的转换，也能通过教学立体评价本身对课程实效的评估来让公共课程的功能得到最大程度的挖掘和发挥，二者共同推进职业教育人才培养目标的转变。

（二）现实逻辑：培育多元开放职业教育体系的"实然"

在我国大力推进教育管办评分离、"放管服"结合的背景下，现实中职业教育评价还是多以政府和教育部门评价为主的行政化范式，多元参与的评价格局尚未形成，"学校、教师、学生、行业企业在相应的评价中话语权仍然较低"。而职业教育温暖服务型人才立体评价更加强调评价结果在评定人才发展潜力和实际水平上的信效度，更加关注公共课程对学生关键能力、价值观、职业素养等综合素质的增值部分，使得评价真正成为学生知识扩充和素养提升的"助推器"。结合职业教育与经济社会和行业企业联系紧密的本质属性，开展职业教育温暖服务型人才立体评价离不开政府、学校（教师）、企业、行业等多元利益相关主体的有效参与，这对培育多元开放的职业教育体系具有重要作用。其

中，职业教育温暖服务型人才立体评价需要政府部门顶层推进，营造良好的制度环境；需要学校和教师积极响应国家政策，以科学有效的标准、指标、工具、系统等来记录评估学生的学习过程，测量学生在公共课程实施中的增值；需要行业企业将人才的关键能力和综合素质作为人才录用的考察重点，从"出口"上保证温暖服务型人才立体评价的有效开展。总的来说，开展职业教育温暖服务型人才立体评价通过更加关注学生成长的过程而不是对接统一标准的结果，能够调动政府、学校（教师）、行业、企业等多方利益相关主体的参与积极性，最终助力培育多元开放的职业教育体系。

（三）教育逻辑：职业教育人才发展个性化的"必然"

教学立体评价不仅能够让优秀生不因超越标准而沾沾自喜，也能让后进生在关注自身能力的增值中获得持续性激励。职业教育温暖服务型人才立体评价通过对学生一个阶段学习成效的增幅进行评估，能够让学生从一个评价模型和评价标准中解脱出来，更加关注公共课程对学生个体自身发展的增值效果；让学生在与"昨天的自己"进行比较的过程中不再追逐单一的"优秀标准"，而是以"每天的点滴进步"为目标，根据自身发展情况定制符合自身能力、兴趣的课程组合方案，最终促进学生的个性化发展。具体来说，其一，从学生个体角度来说，职业教育温暖服务型人才立体评价使得学生能够从班级整体排名中解放出来，并以自身为参照、以兴趣为导向选择课程，多样化课程能够促进学生的情感、潜能、审美、智力等多方面的发展，最终提升学生的个性化能力；其二，从学校和教师角度来说，职业教育温暖服务型人才立体评价能够转移教师的关注点，不会将刻板复制一个个取得高分的"机器人"作为教学成效的参照点，而更加关注学生个体综合素质的提升，能够为学生作为"人"的个性化发展提供条件；其三，从产业和经济发展角度来说，通过开展职业教育温暖服务型人才立体评价促进了学生的个性化发展，企业在生产中能够获得更多有主体意识、合作精神、学习能力的能够进行自我更新的、个性化发展的人才，这将会提升企业对职业教育人才质量的满意度，反过来反馈一种肯定信号，形成校企共同促进学生个性化发展的良性循环。

二、职业教育温暖服务型人才培养立体评价的整体架构

职业教育评价是一种与职业教育目的和人才培养目标密切相关的活动，本质是对职业教育办学方向和目标达成度的一种检验、判断和测量。而在职业教育教学评价中不管哪个级别哪个层面的评价最终都要聚焦课程和教学实践的主阵地，通过评价改善课程实施和教学实践最终改善学生的学习效果。进行职业教育评价改革是从根本上深化职业教育改革的"切入点"和"突破口"，对于增强职业教育适应性、彰显职业教育类型特征、破解职业教育评价难题、推进职业教育治理体系和治理能力现代化具有重要意义。

作为一种类型教育，职业教育与普通教育最大的区别在于其人才培养的应用型和能力标准的技术倾向。尽管如此，职业教育作为教育类型，同样受基于"科学性、时代性和民族性"为基本原则的新时期经济社会发展对人才培养的整体客观影响，同样需要考查学生在"文化基础、自主发展和社会参与"三个方面能力的基本表现。相对而言，职业教育核心素养强化了职业人才的"工匠精神"，有学者将"精湛技艺、知行统一、精益求精、独具匠心、责任担当、德艺双馨"作为职业教育核心素养，其本质也是核心素养整体理论架构的具体领域化。然而，职业教育学生来源广泛、基础差异显著、先前经验差异巨大等现实问题，考验职业教育标准化办学及其发展评价。以《深化新时代教育评价改革总体方案》提出的"改进结果评价，强化过程评价，探索增值评价，健全综合评价，充分利用信息技术，提高教育评价的科学性、专业性、客观性"为理念指向，全面梳理当前职业教育教学评价现状，发现职业教育教学评价重视结果评价和过程评价的使用，结果评价一定程度上为学生提供了学习周期结束后达到的学业成就或者教育效果，过程评价一定程度上为学生提供了过程性数据，为师生改进教与学提供了信息和证据，但也严重忽视了课程教学实施中对学生学习和教师教学进步幅度和努力程度的评价，也即师生在公共课程教学中的过程增值。基于此，项目组尝试对职业教育温暖服务型人才立体评价的内涵、特性与整体架构进行探索，以期扭转不科学的教育评价导向，提升职业教育公共课程育人成效。

（一）职业教育温暖服务型人才立体评价的主要特征

教育评价是对教育现象做出价值判断的过程，教育评价的起点是价值取向，

什么价值取向决定什么样的评价。教育评价也不是依托固化程序形成的定量刻画，而是包括了定量描述、定性描述和价值判断等三个方面。因此，近年来国家开启了评价体系的系统改革，旨在破解传统评价过程中的"五唯"问题。国务院《深化新时代教育评价改革总体方案》中，指明了利用人工智能、大数据等现代信息技术工具，开展贯穿于全过程的纵向评价，指明了学生评价改革的立体范式走向，即通过将纵向过程和横向发展全要素整合起来的评价。

职业教育温暖服务型人才立体评价，是指将"互联网+"的整体背景和技术功能融入评价过程中来，在以往关注结果评价和过程评价的基础上，强化增值评价，在全人价值取向下，根据职业教育"育训并举"特征和"理实交融"需求，广泛采集教学相关的学习者基础数据、过程增值数据和学习成效数据等，通过人工智能算法，准确评价学习者在教学过程之中的相对质量、进步程度和整体成效，并在此基础上，以学习者的过程增值和结果成效来积极反馈教师的教学成效，是一种多元主体参与、多种评价手段整合、多个要素协同、智能技术贯穿全程的评价。

1. 职业教育温暖服务型人才立体评价的特性

职业教育温暖服务型人才立体评价既关注纵向维度学生掌握技术从有到无、从弱到强的发展变化，也关注学生横向维度在综合素质提升过程中，自身职业素质和整合人格的逐渐提升。彰显出以下几个特性：一是强调学生自觉参与评价过程。学生不是被动等待评价，而是在评价中寻求自身的生命成长，在职业教育过程中，建立自身与社会、自身与学习之间的联系，进而提升自己。因此职业教育温暖服务型人才立体评价需要学生自觉参与，从"他律"转向"自律"，形成个体的自觉认同和主动选择，以呼唤生命成长体验的力量调节学习任务带来的学习压力，使个体沉浸于有序的主动创造和不断改进与提升过程中，使学习过程平和、幸福和富有意义。二是强化数字化技术支持。温暖服务型人才立体评价之所以很难大面积铺开，最直接的原因是公共课程教学过程中缺乏对代表性增值活动、表现、成果等相关信息的获取。近年来对教学立体评价，尤其是增值评价的探索开始增加，其根本原因是大数据、云计算与人工智能技术的兴起。通过大数据，将学生在学习过程中的"各种隐匿的、无法测量的教育关系有效挖掘出来，使原本的'黑匣子'变成一种'可见系统'"，也为基于信息的增值评价提供了基础性的材料。除此之外，与大数据相关的终端技术，比如情境感知、摄像系统等，也在有效辅助获取增值信息。在某种意义上，没有数据技术就没有教学立体评价。三是强调过程性的信息获取。教学立体评价是面向能力的评价，"能力"本身涵盖知识、技能、态度、元认知、策略性思维等成分，是一种应对复杂、非预期情境的高级技能与行为。职业教育温暖服务型人才立体评价不仅仅是对学生的公共课学习成效进行"筛选性"评价，而且是期望通过评价实现对学生学习过程的引领，通过增值评价系统联动学生学习情形，并通过实时的、伴随的、过程性的信息不断提示学生在学习过程中所取得的成效、完成的任务、攻克的技术难点，不断给学生注入积极的信号和提醒其不足之处，促使学生不断进步。

2. 职业教育温暖服务型人才立体评价的优势

整体来说，与传统的教学评价相比，教学立体评价体现出四个方面的优势：一是支持了学生评价的个体性。立体评价建立在学生已有学习能力和增值程度的评测基础上，促使教师积极关注每个学生的学习。二是强化了过程性在学生评价中的作用。教学评价不仅关注结果，同时也关注学生在学习过程中的个体进步增量，强调通过不同阶段的学习获得结果的增值，弱化了传统成效评价中只关注表现性成果的评价逻辑，扭转了不科学的教育评价导向。三是增强了评价的公平性。以往的教学评价更多是通过统一的标准评价学生学习的效果，教学立体评价利用信息技术手段将学生评价从"终点决定"转向"过程累积"，需要更多关注学生在学习过程中的能力提升，增强了教学评价的公平性，有助于引导学生持续性发展。四是形成了师生互促发展模式。教师根据学生过程性和增值情况及时改进教学方式和提供学习支持服务，学生受益于教师针对性指导，实现更大增值，同时以整体性发展反促教师进一步优化教学，形成良性互促发展模式。

（二）职业教育温暖服务型人才立体评价的整体架构

1. 职业教育温暖服务型人才立体评价的理念

评价是人用特定的理念把握世界的过程，基础在于认知，核心是价值取向，体现为目标、内容和方法的回应。通常来说，教育工作者有何种对教学评价的认知，就会产生何种评价的方法，同时也在这样的方法下拟定目标与内容等，并开展教学建设。项目组研究发现，职业教育温暖服务型人才立体评价遵循如下评价理念。

（1）"完整的人"的人才目标导向

职业教育是一种与产业紧密联动的教育类型。在社会生产方式、经济与文化的外在影响下，专业化水平不断深化，对人整体的关注在逐渐减少，并在这样的逻辑下形成以标准化为特征的教学结构，并在模块化理论、任务化理论等支持下，技能与人、社会和环境之间的交互被全方位隔离。培养"完整的人"，需要完整的教育，既要有认知（基础学科知识教学）、技能（职业能力）、情感和意志（职业人格）的完整育训维度，同时也要兼顾对象天性、个性的差异。教学立体评价将关注点聚焦于教学本身，引导教师关注学生在学习过程中的成长幅度，弱化了统一标准对职业教育发展的桎梏，并支持将核心素养尤其是职业素养的培育注入教育的整体过程，探索大规模个性化教学，其核心是对"完整的人"的建构需求的回应。在"完整的人"的构建理念下，通过立体评价，引导学生的学习超越具体的职业教育知识、技能和能力，将多种情境知识通过问题构建、任务形成和解决，形成新的知识，进而保持在任务中实践与钻研的习惯，使人在情意知融合的环境中得到培育，适应"中国制造2025"所强化的以个性化和复杂化为特征的"后工业社会"，适应"资源、信息、生产设备以及人员紧密联系的信息物理生产系统"所需要的新型职业教育劳动者。

（2）"育训并举"的人才培养方法观

2019年《国家职业教育改革实施方案》提出，"育训结合"培养职业高技能人才。职业院校通过拓展职业技能等级证书的培训工作，扩大自身职能，优化院校的整体工作，迎接经济转型升级背景下对职业技能人才能力转型升级的现实需求。然而，高层次社会生产和经济体系呼吁的是一种可持续发展能力，需要"可联系的教育"作为支撑，需要在现行育人体系中强调"广泛性、参与性、兼容性、批判性、完整性、层次性、标准性、个性化"。与社会需求结合的"育训并举"超越了职业技能等级证书培训，嵌入到职业教育人才培养的整个过程，形成新的培养方法，改变过往职业教育过于强调线性能力培养，忽视面向整合性能力锻造的方法取向，整合企业资源和师资，推进教学方法改革、教学空间变革、整体场域打造，成为现代职教体系发展的新方向。立体评价将宽角度人才能力标准与成长性的幅度评测结合起来，促使职业教育围绕宽厚的文化基础、精湛的技术技能、强烈的自我发展意识等高标准的综合素质开展教育，进而在整体培养过程中强调知识与技能的交融性培养，满足既面对现在、又兼顾未来的立体评价要求。

（3）"活动—实践"的人才培养过程需求

职业教育作为一种类型教育，核心表征是职业教育育人的重心是围绕职业技能培养完整的人才，对接"在智能生产的驱动下，操作性职业与专业性职业之间、操作性职业与操作性职业之间、其他各类职业之间出现交叉融合"的职业教育服务对象的新变化，教学层面对此的支持是将知识、技能、态度等多要素融合的技能要素整合到学习任务中，形成逐步摆脱"纸笔"评价的桎梏，引导教学过程关注复杂的职业教育任务的过程。因此，职业教育不断强化校企合作和产教融合，将知识学习、技能培训和能力养成的核心任务与岗位实践相融合，塑造职业教育新发展形态。在职业教育 1+X 证书制度的推进过程中，就尝试在证书考核中加大"工位、设备"等实践任务性能力考核，全方位对接企业新技术、新工艺、新流程所形成的复杂真实任务，立体考查学生的能力。然而，落实以"活动—实践"为特征的评价体系本身难度极大，面临着教学建设、教师能力、学生适应性等多方面的协同，评价的改变能通过牵引的作用，通过立体评价的整体逻辑，重塑人才培养目标，优化支持复合型能力养成的人才培养整体思路，进而形成多层次的课程体系，实现兼顾"德"与"技"、"专"与"能"的全面融合的人才培养过程。

2. 职业教育温暖服务型人才立体评价的要素

评价是对评价方法、功能和主体的界定。其核心内容是评价范围的确定、评价对象的锚定、评价内容的规划、评价目的的厘定和评价方法的实施，包括了由谁评价、评价什么、如何评价、评价结果如何使用等具体要素。职业教育温暖服务型人才立体评价的要素也指向这几个方面。

（1）评价主体：多主体参与的协同评价

职业教育温暖服务型人才立体评价的关键是将教学评价嵌入教学过程之中，而传统教学评价中扮演核心作用的教师同行评价和教学管理层规范性评价的嵌入方式需要发生改变。在温暖服务型人才立体评价中，学生评价是最为核心的主体，学生通过评价自身的学习成效，映射教师的教学质量，是教师教学质量评测数据的主要来源。教师同行评价主要是对教学过程的规范性、教学内容对专业能力的支撑性、教学组织的有效性、师生交互的科学性等进行评价，是听课、材料查阅、远程视频和数据查阅等综合的评价。教学管理者的评价主要是通过教学准备材料的规范性、教学文本的合理性、教学实施效果的整体性等进行评价，核心是教师落实教育教学基本制度的程度。除此之外，由于职业教育温暖服务型人才立体评价需要得到信息技术对教育教学过程性的支持，从帮助教师更好改进教学的角度，可以引入教师对自身教学的评价，主要是包括教学目标的实现程度、教学过程的自我评价等维度，核心是逐渐引导自身教学与公共课程立体评价理念在教师自身固化。

（2）评价核心：为了改进教学的增值评价

现行"破五唯"核心就是在理念上扭转教学评价指标的单一性和不科学性，评价结果的导向、调整和改进的作用被淡化，引导、规制和赋能的功能没有充分发挥。职业教育领域推进温暖服务型人才立体评价是职业教育领域为了学习而评价的具体化，核心是围绕职业教育提升学生职业适应能力的整体目标，通过促使教师关注学生学习成效，促使职业教育教学聚焦学习过程，规制"唯分数""唯知识"的教学，支持职业教育教师围绕职业能力成长的逻辑开展"育训并举"的教学，同时赋予教师改进学习的意识和能力，落实温暖服务型人才立体评价聚焦"人的价值"提升。同时，通过引导教师关注职业教育教学过程中的关键任务完成情况，促使教学与学生成长的一致化，真正发挥评价的引导、规制和赋能作用，将职业教育的质量建设落实在教学过程中。

（3）评价内容：以学习体验为根本的内容设计

评价内容指的是评价的维度，以教师为中心的教学评价重点关注教师的教学形态，其核心指标围绕着教师开展教学的内容开展。从逻辑上看，职业教育温暖服务型人才立体评价的评价内容是由教学质量的影响因素决定的，是学生更好学习理念下的评价内容。影响学生学习质量的因素包括外在性因素和内在性因素，外在性因素是教师不能决定的因素，包括了教材、学习空间、情境舒适程度、时间、过往经历等因素，内在性因素是教师自身影响教学质量的因素，包括了主观性因素和客观性因素，客观性因素主要是学历、性别、薪水、国籍、职称等相对稳定的因素；主观性因素通常包括专业知识熟识度、教师敬业程度、过程把控程度等。传统的教学评价聚焦两者之间的相互关系，形成了课程、课堂、过程、效果等评价维度，教学评价局限在广泛但相互不联系的结果性材料中。职业教育温暖服务型人才立体评价的评价内容是学生的体验和成效，核心是自身所经历的课堂任务完成情况，借助任务单式的自我成效评价反馈教师的教学质量，借助平台数据评价学生的体验，用体验与成效评价教师的教学。

（4）评价过程：技术支持的"伴随学习"贯穿评价过程

由于学生对自身学习成效的感受情况是分散到具体的教学过程之中的，这就需要建立承载累积评价的平台，以此支撑评价的发生；同时，由于教育同行和教育管理者等需要进入到评价体系中来，需要整合多元评价主体的教学质量评价信息，因此，信息平台是温暖服务型人才立体评价的支撑性条件。因此，温暖服务型人才立体评价过程是依托信息平台，以学习的发生和阶段性完成为逻辑，设计的评价工作流程链，强调的是评价贯穿整个教学过程。在这个评价架构中，教学活动实施之后，采集多维度的互动数据，将评价嵌入教学运行的环节中，形成一条具有正向流动和反馈调整的教学链，驱动教学按照更好地服务学习的方向发展，主要包括四个环节：第一，对学习活动进行任务化、模块化、系统化设计；第二，教师组织学习活动；第三，在完成学习活动的过程中完成对学习活动的习得程度的评价；第四，通过数据整合，完成评价并对教师反馈，形成新的循环。伴随式教学评价的产生以学习任务的完成为触发条件，能及时对教师进行反馈，帮助教师进行教学内容的调整。

3. 职业教育温暖服务型人才立体评价的运行流程

职业教育温暖服务型人才立体评价在具体实施过程中，通常遵循以下运行流程：

（1）学习任务发布：形成多方参与的温暖服务型人才立体评价准备

依据因材施教理念，课堂实施应该关注先前经验和学习偏好。因此，职业教育温暖服务型人才立体评价的起点需要涵盖过往数据，并且需要尽可能收集所有的数据。当然，要系统评价学生的过往能力，考验学校的整体支持能力，也是一个循序渐进的过程。从评价操作的过程来看，学生需要对过往数据的获取进行授权，并知悉参与温暖服务型人才立体评价的方式和意义，形成参与温暖服务型人才立体评价的意识和能力。教师需要按照温暖服务型人才立体评价要求的模块化、任务化、过程化的要求设计教学任务，在教学任务内在逻辑下开展教学计划的制定，同时也需要知悉自身教学的评价方式。

（2）学生参与评价：形成实时反馈的调节式教学过程

职业教育温暖服务型人才立体评价的目标是建构更好的学习环境，其方式主要有两个维度：一是按照任务完成状况的反馈，系统建立起教师关注学习成效，开展教学优化的专业品格和关键能力。部分教师缺乏改进课堂教学的决心，主要原因是从制度层面缺乏系统支持教师改进教学的动力体系，部分教师掌握不到学生的任务习得程度。在温暖服务型人才立体评价的过程中，学生需要在学习任务完成之后，准确评价学习成效，并直观展示给教师，可以有效帮助教师找出教学问题并开展有效改进。二是通过温暖服务型人才立体评价的支撑平台，实现信息整合，将学生的实时状态数据，以图形、表格、文字的形式集中呈现在教师面前，帮助教师优化教学过程决策，并实现教学调整。理想的温暖服务型人才立体评价应该有情境感知体系的支持，广泛收集课堂学生的学习表现，连同学生的结果性任务完成情况，使教学评价更加准确。

（3）多元主体参与评价：形成契合温暖服务型人才立体评价要求的评价过程

从评价主体来看，温暖服务型人才立体评价的重心是学生，学生通过任务化的学习，实现课堂的及时评价，以此形成教师教学质量的评判依据。除此之外，教师自身、教师同行、教育管理者也嵌入到评价过程之中来，形成覆盖课堂"利益相关者"的评价。从实施的过程来看，多元主体参与的时间、方式和内容是不一致的。从时间看，学生是及时性评价，是借助信息技术的"无时差"评价和完成任务为节点的高频评价，最为接近评价的本身，同时也是评价的主体。教师自身的评价一般是通过查阅相关伴随式评价的结论，进行反思性评价，重点在于整体教学策略的优化，时间相对滞后于学生。教学管理者和同行评价一般是在评价制度约束下的参与性评价，是具有一定随机性的行为，比如同行评价，通常由教研室执行，并且同行评价通常聚焦于学术性、计划性和教学执行的合理性；教学管理者的评价也是如此，且更聚焦教学的规范性。这些从不同维度形成的评价通过反馈体系融合到教学过程，帮助教师不断寻找教学过程中的不足，进而优化自身的教学。

4. 职业教育温暖服务型人才立体评价的整体架构搭建

根据对职业教育温暖服务型人才立体评价的内涵、理念、要素、运行流程的深度探究，尝试对职业教育温暖服务型人才立体评价的整体架构进行构建，将"互联网＋"的整体背景和技术功能融入评价过程中来，在以往关注结果评价和过程评价的基础上，强化增值评价，形成科学评价理念引导下的多主体参与、多手段整合、多要素协同、大数据支持的职业教育温暖服务型人才立体评价整体架构（见图4-1）。

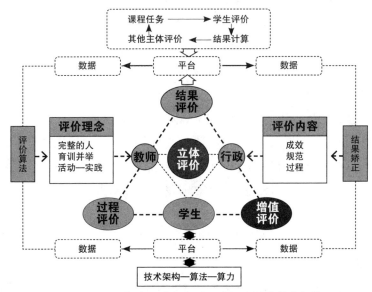

图4-1 职业教育温暖服务型人才立体评价整体架构

职业教育温暖服务型人才立体评价的整体架构体现出如下几个特点：

评价理念的多维视角综合。职业教育温暖服务型人才立体评价的整体架构，贯彻了评价过程中"完整的人"的理念、"育训并举"的方法和"活动—实践"的评价价值取向，并通过系统关注评价内容的成效、规范和过程，全面收集学习者的基础数据、过程增值数据和学习成效数据等，反衬教师的教学成效和教学增值，实现师生教学互促的全方位立体观照。

评价主体的多元参与。职业教育温暖服务型人才立体评价的整体架构，体现出不同行动主体依托自身对教师教学的关注，积极参与教学评价的过程：学习者关注学习成效和学习体验，针对学习过程和学习体验参与教师教学评价；教师同行关注教学科学性，关注教师与学习者、课程、活动组织的情况，落实评价理念在教育教学的支撑力度；行政管理人员关注课堂教学组织，关注教师与教学过程的规范性交互；大数据和人工智能算法嵌入其中，根据教学进程准确评价学习者在学习中的增值和教师育人能力增值。

评价要素的全过程协同。职业教育温暖服务型人才立体评价的整体架构，体现出多元主体、指标内容、技术平台、算法算力等多要素的全过程协同。在教学立体评价实施过程中，教师需要将课程任务进行活动化、模块化处理，引领学生进入评价任务；学习者根据系统生成任务和自身体验参与成效评价和学习体验的表达，以自身成效感知评价学习效果；教师通过观察学习中的行为状态数据，准确评价学习者在学习过程增值和学习成效情况；平台采集增值性、过程性和结果性评价数据，根据教学立体评价指标赋值情况，运用合适的算法和高性能算力，完成评价结果输出；行政管理、教师同行等其他主体介入教学评价，对结果数据进行校正，形成教学立体评价的最终结果。

评价过程的技术嵌入。职业教育温暖服务型人才立体评价的整体架构，体现出评价过程中大数据和人工智能算法的全程深度嵌入。在整个评价中，教学立体评价平台通过整合多元主体参与的算法，并嵌入人为打分的形式，进行算法的调整，通过整合过程性数据、结果性数据、多元主体参与的数据，准确评价师生的互促发展和职业教育公共课程的育人成效。

三、职业教育温暖服务型人才培养立体评价的行动隐喻

评价的目标在于激励、引导、鉴定、诊断和优化，其功能是通过评价标准所体现的价值导向所决定的。构建教师教学立体评价模式，也是通过对学生发展维度的评价标准和运行机制建设，对学生学习和教育教学以及管理做出方向性的引导，同时构建多元主体参与教学评价的评价机制。因此，职业教育温暖服务型人才立体评价蕴含了如下行动隐喻。

（一）既强调层次标准的统一性，又强调个体成长的独特性

职业教育作为一种类型教育，其突出特点就是与产业的紧密联系，是一种建立在"知识逻辑、专业逻辑和社会逻辑"三种逻辑基础上的教育，与产业发展和专业分工存在紧密互动的关系，是职业教育专业建设和课程内容建设的出发点。通常来看，职业教育要成熟，需要满足两个基本的条件，一是产业规模足够大，能支持职业教育吸引足够专业发展的学生；二是产业技术和分工明确，有成熟的技术技能内容，能根据技术技能内容整合形成完整的职业能力结构。职业教育的逻辑出发点要求不同层次的职业教育有大致相同的知识、技能和能

力要求，这是适应社会专业分工的基础，具有绝对性、统一性等内在要求，这也是各个国家建设资历框架，与欧洲和其他国家实施学分互认的基础，也是保证学生权益和职业教育自身公信力的有效措施。由于学生起点不同、类型不同、参与方式不同，需要支持学生在保证专业基础的同时，建立现有基础与个体发展的教学评价路线，支持将学生在成长中的增值纳入教学评价范畴，通过强调学生个体成长的水平，为不同学习接受水平的学生提供与之适应的评价，彰显职业教育育人促人的适应性，实现包容性评价。

（二）既强调评价主体的外部性，又强化学生主观能动性

"完整的人的培育是教育的理想追求。"无论是新课程改革构建的"知识与技能、过程与方法、态度与价值观"，还是新时代中国学生核心素养的建设，都是指向"完整的人"的教育。职业教育不能割裂人与社会、社群、自然之间的联系，而是需要在"完整的人"的形成理念上，形成一个整体性的架构，将背后的资源、条件、过程与方法进行有效整合，从内部和外部共同着力，帮助职业教育者成为完整的人，体现职业教育自身的价值和功能。然而，不管是完整的人所涉及的教育目标体系、价值体系、内容体系还是教学评价本身，都是以外部评价学生发展程度，没有将人的发展的关系性、批判性和整体性有效整合起来，尤其是没有将学生自身的发展诉求纳入评价体系。事实上，由于学生自身的基础不同、风格不同、需求不同，学生的发展诉求存在巨大的差异。随着职业教育的进一步开放，尤其是通过 1+X 证书制度搭建了校内教育与校外培训之间的联系，强化了校企合作整体架构，完成了从封闭到开放的转变，势必会形成一个开放包容的职业教育新生态。新生态中职业教育面对的学生，不再是通过统一的分数线招录进来的学历教育学生，可能是通过扩大招生途径进来的，也可能是参加 1+X 证书培训的学生，同时也包括普通的职业培训群体。学习参与的多元化造成了需求和评价的多元化，学生自身参与职业教育的目的和意义需要体现在评价过程中，自身体验、进步感知、所学技能的应用程度都需要成为评价的内容，这就要求评价主体能按照标准进行评价的同时，也要充分考虑学生在发展评价过程中的主观能动性，参与到评价过程中来。

（三）既强调学校教学供给的普遍质量，又强化学生主动学习

由于学生发展评价超越了以层次为特征的"平面化"评价标准，迈向支持学生立体的"三维"评价体系，这就要求教育供给质量的普遍水平上需要强化，同时对学生的学习参与提出了更高的要求。首先，学生发展评价需要引导教育供给的质量整体优化。不管是《新时代教育评价改革总体方案》还是《职业教育提质培优行动方案》，都指向职业教育自身质量和内涵建设的大问题。在过往的学生发展评价中，关注的是评价学生技能，忽视人文性，忽视学生全面发展的需求，忽视职业人格等隐匿在技能背后的能力发展。立体评价是全视角的评价，不仅需要考虑表面可测的技术技能，还需要深入评价学生全方位的能力水平，强化"立德树人、德技双修"，要求职业教育工作者围绕这个成效目标开展教学建设。其次，立体评价强调增值评价。从学生视角看增值评价，不管是何种水平进入职业教育，都应该得到相应的提升，这是一种基于职业教育多元化生源的评价理念。在这种理念下，任何层次的学生都需要主动参与学习，寻求自身适合的渠道，采取不同的策略，建构适应自身发展的空间，这就要求学生主动学习，逐步超越自身的层次。

第五章
职业教育温暖服务型
人才培养的立体评价实践理路

　　职业教育温暖服务型人才立体评价体系的构建源于我国职业教育深化改革的战略需求，本研究以《国家职业教育改革实施方案》《深化新时代教育评价改革总体方案》为政策遵循，旨在突破传统量化评价的桎梏，构建关注学生成长轨迹的动态评价范式。立体化评价核心针对职业教育教学活动实践化、交往社会化与文化具身化的本质特征，聚焦解决传统评价体系存在的四大结构性矛盾：以问责为核心的成效评价导致教师发展动力异化、标准化指标压制教师专业自主性、绩效导向消解教育公共性、占位竞争引发教师发展时间失速。通过价值认知重塑、标准体系重构、运行规则创新、技术平台支撑和文化生态培育五大维度推进改革。在价值层面确立"尊重差异、珍视过程、促进发展"的核心理念，将评价定位为教学改进工具而非考核手段；标准体系围绕职业核心能力、职业素养和社会价值三维度，建立基于学生初始水平的差异化增值标准；规则设置强调师生协商确定个性化目标、多元主体参与评价、多维度信息采集的程序正义；技术支撑通过数字化平台实现教学过程可视化与学习成效可量化；文化培育注重政策引导与实践创新相结合，推动政府、学校、行业企业形成关注教育过程"净效应"的评价共识。尝试突破工具理性局限，通过制度创新、技术赋能与文化重塑，推动职业教育评价从"筛选工具"向"发展引擎"转型，为培养德技并修的高素质技术技能人才提供制度保障，本质上是职业教育从工业化思维向生态化思维的系统性升级。

一、职业教育温暖服务型人才培养的立体评价实践起点

职业教育教学不仅是知识传递的载体，更是一个融合活动实践化、交往社会化与文化具身化的动态过程。这一过程既包含显性的技能习得，也涉及隐性的职业人格塑造与职业伦理内化。在技术迭代加速、产业需求升级的背景下，职业教育的人才培养目标已从单一技能型向复合型、服务型转变，而传统评价体系在反映这种复杂育人成效时显得力不从心。构建温暖服务型人才立体评价体系，需以职业教育的教学本质为逻辑起点，即通过真实情境下的任务驱动、社会化的协作实践以及文化浸润式的职业认同培养，实现知识、技能与能力的有机整合。这一整合过程既需要突破传统课堂的物理边界，也要求评价体系能够捕捉到学习者在认知建构、技能精进、情感态度等维度的动态发展轨迹。

（一）促使教师"为评价而教学"转向"为教学而评价"

传统教学评价的异化现象已成为制约职业教育高质量发展的瓶颈。在"分数至上"的导向下，部分课堂陷入形式主义泥淖：教师为迎合评价指标刻意设计"表演型课堂"，如通过频繁的小组讨论制造虚假参与度，或滥用多媒体技术打造视听盛宴却忽视知识内化。其深层症结在于评价体系的结构性缺陷：一是评价目标错位，过度关注可量化的知识记忆（如理论考试正确率），忽视服务意识、职业伦理等软实力评估；二是评价主体单一，教师既是教学设计者又是唯一评价者，缺乏行业专家、服务对象等多维视角介入；三是反馈机制滞后，学期末的总结性评价难以为教学过程提供实时改进依据。

在传统的教学评价中，由于学生陷入对分数的热情追逐中，而忽视了教学对自身成长的实际收获，以致于教师为迎合这些浅层次需求而开展教学，很多课堂因此成为"过度表演""风趣演讲""低俗演绎""胡夸打趣"等低效课堂。学生在完成课堂过程中或者也参与了小组体验、情境感知、角色扮演和任务完成，但先进的组织模式和热闹的课堂本体没有完成职业教育技能递升的过程，这样的课堂中学生没有得到职业人格的锻造、职业技能的训练和职业能力的建构，也很难把"学生中心"落在实处。部分教师关注学生的成长，在课堂中注入了学习压力，导致学生认知负荷相对较高，学生评价分数与自身的教学投入不配套，影响了教师积极性，导致"评价成为教学变革的瓶颈"，而评价的核心要

义是一种"指挥棒",评价制度变革是约束或者促进教学变革的因素。要推进评价变革,蕴含了要深化教学改革,推进课堂革命,需要对评价制度进行适应化、科学化和运行固化的改造等隐喻。从温暖服务型人才立体评价视角看,评价不再局限于评价决策者所关注的教学目标是否完成,而是通过教学过程和结果的材料,共同推进更好地学习,以此判断职业教育教学的价值,蕴含了公共课程教学立体的引领作用,体现为引领、赋能和规制职业教育的教学过程优化,促使教师关注教学过程的价值,自下而上确立起"人"的观念,并配之以形成关注学生成长的教师行为习惯,守护学生的发展诉求。

(二)支持学生从"为分数而学习"转向"为过程而学习"

职业院校学生普遍存在的"考证焦虑"与"应试惯性",也折射出传统评价体系的深层矛盾。调查显示,大部分学生认为"期末考试分数决定课程成败",仅有占比不高的学生能清晰描述所学技能的实际应用场景。这种异化学习模式导致能力发展碎片化、职业认同感缺失等严重后果。职业教育所培养的复合型技术技能型人才是知识、能力、技能的综合体系,是面向生产、建设、管理和服务的第一线人才,其整体形象特征需要强化其应用和实践品质,这是社会赋予职业教育的基础要求,也是职业教育存在的社会价值。受学业评价手段单一、过程短暂、方式固化影响,形成了以"纸笔"为手段的终结性评价为主的学业评价模式,职业教育在评价上有较大的短板。在学习过程中,学生也习惯"为分数而学",并享受分数背后带来的奖学金、推优推先等给自身带来的实际利益。而自身与职场的适应能力始终缺乏,温暖服务型人才立体评价的旨趣是将评价嵌入教学过程,以学生学习成效评价教师课堂教学质量,在促进教师对教学的持续关注的同时,也帮助学生不断反思自己,关注自身在完成系列任务和职业教育活动中得到的持续性成长,逐渐强化职业教育的活动实践化、交往社会化、文化具身化等内在认知,主动参与到提升自身能力的教学过程之中来。

(三)引导教学理念"从强化结果"转向"强调过程"

在《国家职业教育改革实施方案》的政策框架下,我国职业教育正经历着从"规模扩张"向"质量提升"的战略转型。随着资历框架和行业能力标准体系的逐步完善,职业教育评价范式正在发生深刻变革。这种变革集中体现在教学理念从"结果导向"向"过程导向"的转变，其核心在于构建"能力成长可视化"的教学支持系统，使人才培养质量提升建立在可追溯、可调控的过程管理之上。一是资历框架体系下的能力发展逻辑。教育部 2022 年发布的《关于深化现代职业教育体系建设改革的意见》明确提出，要"建立国家资历框架，推进学历证书与职业技能等级证书互通衔接"。这种制度设计打破了传统教育评价的"一维线性"模式，构建起"多通道、多出口"的能力发展路径。以澳大利亚 AQF 资历框架为例，其 10 级认证体系允许学习者通过工作经验、非正式学习等多种途径累积学分，这种"成果导向教育"（OBE）理念在我国职业教育领域得到广泛实践。二是行业标准驱动的教学过程重构。行业能力标准体系的建立为过程导向教学提供了实践依据。以教育部发布的《高等职业教育专业教学标准》为例，其对职业能力的分解细化到具体工作任务。这种"能力单元—任务模块—教学项目"的转化机制，要求教师在教学设计中构建"目标—过程—评价"的闭环系统。德国双元制教育的"行动导向"教学法为我们提供了有益借鉴。通过"资讯—计划—决策—实施—检查—评估"六阶段教学模式，学生在完成具体工作任务的过程中实现能力建构。三是数字技术赋能的过程性评价体系。教育部《职业教育数字化战略行动实施方案》明确要求"建设国家智慧教育平台，推动教学过程数字化"。现代教育技术为过程导向教学提供了技术支撑，通过学习分析系统、虚拟现实平台等工具，实现"学习轨迹可视化、能力发展可量化"。四是温暖服务型评价的实践创新。温暖服务型人才培养强调评价的"发展性"与"人文性"。这种评价模式使教师从"裁判者"转变为"成长导师"，学生满意度大幅度提升。总之，从"结果强化"到"过程强调"的教学理念转变，本质上是职业教育从"工业化思维"向"生态化思维"的升级。这既需要政策层面健全资历框架体系，也需要院校层面重构教学支持系统，更需要教师提升过程管理能力。

二、职业教育温暖服务型人才培养的立体评价实践问题

在一些新兴思潮影响下，当代职业教育教师评价体系逐渐形成以量化指标为核心的"绩效至上"模式。这种评价机制将教学成效简化为学生分数、科研成果数量等可量化指标，通过"问责式评价"对教师进行考核，导致教师普遍

陷入高压工作状态，被迫将精力集中于指标达标而非教学创新。过度依赖学生评分的机制更催生"表演型课堂"现象，教师为迎合评价标准而忽视职业人格塑造与技能递进式训练，职业教育特有的"育训结合"属性被严重削弱。评价体系的标准化陷阱进一步加剧教师发展困境，模式消解了教师主体性，使其核心素养在量化竞争中被边缘化。绩效导向的评价体系更引发教师公共性隐退。教育评价被异化为"投入—产出"的资本博弈，这种"私利优先"逻辑使教师从公共使命承担者蜕变为绩效商品生产者，职业教育的社会服务功能被严重弱化。评价体系的占位逻辑则引发教师"时间性失速"。在"能上能下"机制缺失背景下，教师被迫在有限的晋升通道中加速竞争，导致时间分配异化、发展路径同质化、职业倦怠加剧。当前评价体系的深层危机，本质是教育价值异化的集中体现。当立德树人被"绩效获取"取代，"双师型"教师的复合能力被碎片化指标解构，职业教育的育人本质正遭遇系统性消解。重构评价逻辑需要建立体现职业教育类型特征、关注教师专业成长规律、强化公共价值导向的新型评价体系，为教师营造可持续发展的生态环境。

（一）以问责为核心的成效评价消解了教师自主发展的积极性

成效导向更多体现为通过总结评价，尤其是学生的分数和打分情况，进而形成合格与否、成效优秀与否的结论，这种考核在学术领域称之为"问责式教师评价"。这种评价方式通常会导致教师回避甚至恐惧评价结果。在教育科研与实践中，"成效"不完全等同于教师能力。受学校、空间、学生等多方面因素的制约，教师在具体的"指标"和"标准"上往往缺乏控制感，最终导致学校将教师评价作为一种形式化为主的组织管理形式，难以对课堂教学、科研发展等产生实质性的促进作用。

这些思潮影响下产生的"绩效至上"逻辑，催生了以量化指标为主导的教师评价模式。这种模式将教学成效简化为学生分数、科研成果数量等可计量指标，形成"问责式评价"机制。例如，高职院校普遍要求教师每学年完成400学时以上的教学工作量，并承担科研项目、社会服务等任务，导致教师平均每周工作时间高达53.95小时，远超法定标准。这种高压环境下，教师被迫将精力分散于"指标达标"而非教学创新，甚至出现为应对学生评教而设计"表演型课堂"的现象，如过度依赖小组讨论、情境表演等形式，却忽视职业人格塑造与技能递进式训练。更深层的问题在于,成效评价忽视了职业教育特有的"育训结合"属性。例如,护理专业教师需同时关注技能操作的规范性与服务沟通的共情能力,但现行评价体系往往仅通过标准化操作考核与理论测试衡量教学效果,导致教师难以在课程中融入人文关怀内容。许多研究表明,过度依赖学生评分的学校中,教师因担忧低分评价而回避创新教学法的比例往往普遍较高,严重抑制了教学改革的主动性。

(二)以外在"标准"和"指标"为评价内容影响教师系统性发展

马尔库塞在阐述技术的物化逻辑中谈及,"技术的解放力量转而成为解放的桎梏"。人们在近代科学技术中得到了物欲的满足和"虚假的快感",容易形成标准化、指标化的社会改造倾向。体现在教师教学评价领域,则以"标准"和"指标"等评价内容约束教师的发展。比如教师教学评价考核中,以看似规范、公正、科学的方式对教师进行评价,实则对教师发展路径形成了压制,当教师对具体项目"失能"时,只能顺应评价内容所裹挟的"技术向度",进行与自身潜能发挥无关的"发展"。教师在教育教学中能挖掘的"支配性力量"的消解,成为"具体的""标准的""受压制的"人。

马尔库塞所指的"技术物化"在教育领域表现为评价标准的工具理性化。当前职业教育教师评价体系存在"三重标准化陷阱"。一是评价指标同质化。职业院校普遍套用普通教育评价框架,将学术论文数量、专利授权数量等作为核心考核指标,导致教师陷入"学术漂移"困境。二是能力发展碎片化。评价体系将教师能力割裂为教学、科研、社会服务等独立模块,缺乏对"双师型"教师复合能力的整体观照。调研显示,仅有28%的职业院校在职称评审中认可企业实践经历,导致教师参与产教融合的动力不足。三是职业成长线性化。以"五年内晋升副教授"等时间节点为驱动的评价体系,迫使教师追求短期成果。某职校青年教师为满足职称评审要求,三年内完成12项横向课题,但其中9项为低技术含量的重复性服务,未能形成实质性技术转化。这种标准化评价模式实质是对教师主体性的消解。当教师被迫在"论文—课时—项目"的量化赛道上竞逐时,其个性化教学风格、行业前沿技术转化能力等核心素养反而被边缘化。

（三）以绩效获取为核心的评价反馈体系造成了教师"公共性隐退"

"公共性"指的是"一个人不仅能与他人合作共事，而且能为他人着想"。公共性是对他者性的尊重，核心是自我与他者之间的客体、投射或者影子具有一定性，是在绝对化之外的整体共有性和关联性的整合。在教育评价中，由于受评价理念的同一性和标准性影响，竞争性和封闭性取代了共有性和关联性，教育被控制在特定的利益取向之中，导致教育评价成为利益调节器，而不是教育促进器。教师的职责首先应该是承担公共使命，具体体现为"做四有好老师、扮演四个引路人"等。然而，职业教育公共课程教学评价主要是以"学生考试分数"和"学生评分"为依据的评价，在"绩效获取"的驱动下，教育不再是人们共享的"诗意栖居"场所，而教师变成了以迎合需求为特征的"人力资本"，依靠"计算投入、产出、获取报酬和收益"获得生存。

教育评价的公共性本质要求教师承担"立德树人"的社会使命，但绩效导向的评价体系却将教育异化为"投入—产出"的资本博弈。具体表现为：一是教育价值功利化，在"学生评教分数决定绩效工资"的机制下，教师为获得高评分，倾向于降低课程难度、增加娱乐性内容；二是协作文化消解，绩效竞争加剧了教师间的资源争夺。例如，某校规定仅有15%的课程可参评精品课，教师为争夺名额封锁教学资源，跨专业教研活动参与率从2019年的73%骤降至2023年的21%。三是社会服务空心化。企业实践、社区服务等本应体现职业教育公共价值的活动，在评价体系中仅折算为"工作量积分"。如某高职院校要求教师每年完成40小时的社会服务，但82%的教师选择形式化的讲座或咨询，而非深度参与技术攻关。这种"私利优先"的评价逻辑，使得教师从"公共使命承担者"蜕变为"绩效商品生产者"，职业教育的社会服务功能被严重弱化。

（四）以占位形式为表现的评价体系造成了教师"发展时间性失速"

由于有关教师的重大决策从公共领域转向私人领域，评价教师教学质量的标准变成了学生考试的成绩，这些又对其他人形成"挤兑"效应。因为缺乏"能上能下"的机制，"指标"成为不可逆"目标"，教师发展环境从"共生场"迅速转向"竞技场"，教师需要在各类排行榜中竞逐更高位置实现"占位"。

但"位置"始终是有限的，比如试点院校之一规定只有 15% 的课程具备被推优资格，这就促使教师被迫进入"内卷"赛道，在获取"成效"的过程中超越"常速"，当教师集体处于"急速"进步时，个体的努力无法与回报形成相关关系，教师评价体系形成对教师时间公开的宰制，出现"时间的失速现象"，部分教师被困在发展的时间里。

在名目繁多的晋升压力下，职业院校教师陷入"时间焦虑"与"发展内卷"的双重困境。一是时间分配异化。为满足"五年内晋升"要求，教师被迫将大部分的精力投入论文撰写与项目申报，而用于教学反思、技术研发的时间受到了严重挤压。某智能制造专业教师坦言："每天忙于填表报账，连指导学生实训都需见缝插针。"二是发展路径同质化。评价体系对"学术型"与"技能型"教师缺乏分类引导。三是职业倦怠加剧。持续的高强度竞争导致教师心理健康问题凸显。除了职业院校教师的职业倦怠率普遍较高。更严峻的是，这种"时间失速"效应正形成代际传递。新入职教师为快速积累"评价资本"，往往选择易量化、周期短的研究方向，而职业教育亟须的长期技术攻关领域愈发无人问津。

三、职业教育温暖服务型人才培养的立体评价实践路线

职业教育温暖服务型人才立体评价体系的构建源于我国职业教育深化改革的战略需求，其理论基础融合了发展性评价理论、教育增值理论及多元智能理论。该体系以《国家职业教育改革实施方案》为政策遵循，旨在突破传统量化评价的桎梏，构建关注学生成长轨迹的动态评价范式。体系核心包含五大维度：在价值认知层面，强调"尊重差异、了解基础、珍视过程、重视发展"的核心理念，要求评价主体树立学生发展观，将个体差异视为教育资源而非评价障碍；标准体系构建方面，围绕职业核心能力、职业素养和社会价值三个核心维度，建立多层次增值额度标准，依据学生初始水平设置差异化评价基准；规则设置注重程序正义，通过师生协商确定个性化评价目标，合理设计评价周期，构建包含行业企业、第三方机构等多元主体参与的评价网络，采用多维度信息采集方法确保评价科学性；支撑体系建设突出技术赋能与评价方式创新，通过信息技术整合追踪数据库、构建增值分析模型，同时建立诊断性、形成性与总结性

评价相结合的混合评价机制；在文化培育层面强调多元共治，通过政策宣传凝聚共识，推动政府、学校、行业企业形成评价合力，构建关注教育过程"净效应"的评价文化生态。该体系的实施需突破传统评价的工具理性局限，在政策保障、技术支撑、文化认同三维度协同发力，最终实现职业教育评价从"筛选工具"向"发展引擎"的范式转型，为培养德技并修的高素质技术技能人才提供制度保障。

（一）围绕温暖服务型人才立体评价形成价值认知

人是有思想的动物，在集体行动中正确一致的价值认知是保证行动方向和凝聚成员力量的重要法宝。在职业教育公共课程立体评价实施过程中，其前提基础是各方主体围绕温暖服务型人才立体评价形成正确的价值认知。总的来说，要形成"尊重差异、了解基础、珍视过程、重视发展"的职业教育温暖服务型人才立体评价理念，改善评价生态。具体来说，其一，要认识到不同学生在学业水平、学习能力、资源条件和家庭背景等方面具有差异性，而在温暖服务型人才立体评价中要尊重学生的这种先天差异，将学生视为平等的、具有发展潜力的独立个体。其二，需要了解学生的学习基础，这是温暖服务型人才立体评价的起点和基础，只有准确评估初始值，才能更好地测量公共课程实施的价值。其三，评价主体要形成关注学生学习成长的动态过程的价值认知，认识到学生虽然基础不同且存在明显的个体差异，如果以同一把尺子去度量学习效果可能有的学生早已超过标准而有的学生还差距甚远，但是每个个体都在公共课程学习中产生着"增量"，这种日积月累地增值才是学生学习的真正效能，也是公共课程实施的真实效果。其四，评价主体要形成更加关注学生发展的正确认知。要认识到学生的发展必须是全面发展，不仅要提升专业技能，更要促进学生职业素养、工匠精神等的培养和提升，因此职业教育公共课程增值评价要促进学生德技并修和全面发展。可以看出，对职业教育公共课程立体评价形成正确认知的过程既是一个发挥公共课程本身育人功能的过程，同时又是一个将立体评价的内涵要素深入挖掘的过程，能够使开展职业教育公共课程立体评价的主体在统一认知的基础上开展更加科学有效的教育评价。

（二）构建温暖服务型人才立体评价的标准和指标体系

构建职业教育温暖服务型人才立体评价标准和指标体系是保证评价结果科学性和规范性的前提和基础，也是教学评价功能发挥的支撑载体。评价指标是构建评价指标体系的关键所在，立体评价的指标体系需要满足评价观测点具体化和完整化、评价尺度细致化和准确化、评价结果可信化和有效化、权重指标合理化和科学化、结果等级公正化和清晰化等五个条件。职业核心能力、职业素养和社会价值是职业教育温暖服务型人才立体评价的三个核心内容，其中职业核心能力侧重公共课程对学生专业认知和专业技能的辅助增值，职业素养侧重评估学生的情感、态度和价值观方面的能力水平，同时适当关注教师在教学过程中的亲和力、解释力和性格张力。

学生在初始的学识和能力水平方面存在根本性差异，这种差异导致学生面对同一学习内容其学习速度和学习成效具有较大差距，因此需要"设定多层次增值额度作为立体评价的标准"。每个学生的进步空间是不同的，如果将学生划分为优秀生、中间生和后进生三个层次，通常情况下，三者的进步空间呈现逐渐增大的趋势，即优秀生的进步空间最小，而后进生的进步空间最大。因而在温暖服务型人才立体评价的过程中就不能以整齐划一的标准作为绝对参照，需要根据现实情况有区别地设置多层次增值额度。具体来说，原先学习基础较好的同学在后续学习中的进步空间较小，因此为其设置的增值额度标准应最小；而原先学习基础较差的同学在后续学习中的进步空间较大，因此为其设置的增值额度标准应最大。这种多层次的教学立体评价标准能更好地考虑学生的初始水平和发展潜力，不单纯采用同一标准来评价学习效果，让不同能力水平的学习者更加明确自身的学习定位和学习目标，最终实现学生的个性化发展。

（三）探索温暖服务型人才立体评价的规则设置

开展职业教育温暖服务型人才立体评价要遵循科学合理的规则体系，这是保障评价效果的重要参照。其一，要在"师生协商的基础上确定不同类型学生的评价目标"。具体可以表述为，学生先对自身的兴趣爱好、条件基础、学习情况等作出评判，提出公共课程学习的个人目标；教师根据学生特点进行科学分析并为不同学生提出指导性目标；师生交换意见并通过平等协商最终确定评价目标。其二，在平衡学校评价成本、评价效率和学生发展的基础上确定评周期，力争在全面评价公共课程学习效果的基础上促进学生发展。其三，职业教育温暖服务型人才立体评价要推进多元评价主体的参与，全面考虑行业、企业、学生、教师、第三方评价机构、家长等主体提供的信息。其四，职业教育温暖服务型人才立体评价的信息采集和记录包括输入、过程和输出三个维度的信息。其中输入信息主要包括学生家庭背景信息和个体特征信息，过程信息主要包括学生在接受公共课程教育中的考试成绩和行为表现等信息，输出信息主要指每个评价周期结束时学生落实过程标准要求实际达到的程度，即任务完成程度数据。其五，明确职业教育温暖服务型人才立体评价所需收集的信息后，还需要明确信息来源渠道。在开展职业教育温暖服务型人才立体评价的过程中，可以采用观察法、问卷调查法、工作日志法、关键事件法和作品评定法等多种途径，通过多渠道来采集信息数据作为立体评价的有效参照。可以看出，职业教育温暖服务型人才立体评价需要从评价目标、评价周期、评价主体、信息收集和信息来源渠道等全过程贯彻严格的规则程序，保证公共课程对学生综合素养提升功能的有效发挥和立体评价对学生过程性和发展性目标的实现。

（四）构建温暖服务型人才立体评价的支撑评价体系

职业教育温暖服务型人才立体评价更加关注职业院校学生在接受公共课程教学之后的增长值，即更加聚焦学校、教师、课程在学生综合能力培养中的"净效应"，而增值的获得需要多种外部条件的支撑和辅助。首先，从评价方式角度来说，立体评价并不是一种完全孤立的评价方式，其与其他评价方式在某种程度上存在耦合性和互通性，而公共课程旨在培养学生的综合素质，从根本上呼吁多种方式来辅助实施，因此在开展职业教育温暖服务型人才立体评价的过程中需要多种评价方式灵活配合使用。具体来说，可以通过诊断性评价方式来辅助测量输入值，通过形成性评价方式来辅助测量过程值，通过总结性评价方式来辅助测量输出值，并以综合评价来保障整个评价过程的全面性和具体性。其次，从技术应用角度来说，信息技术赋能教师教学评价，在追踪数据库链接与整合、增值数据分析模型构建和发展水平可视化报告方面具有重要作用。以信息技术为支撑开展职业教育公共课程立体评价，能够获得更加精确全面的增值数据，更加准确地剔除外部因素对学生成绩的影响，更加客观地获取学生公共课程学业水平的"净增长"，为学生学习和教师教学提供更加科学有效的参照依据。最后，从评价主体角度来说，职业教育温暖服务型人才立体评价除需要教师、学生、家长、行业企业等主体参与之外，同时需要第三方评估机构作为外援支撑，实现直接评价和间接评价相结合，保证评价的公平性和客观性。学校评估能够更加细致入微地观测学生的成长和发展，通过学生课堂表现、行为转变和能力提升等来测量增值，但是也容易陷入实施者和评价者为同一主体的主观化困境中；而第三方评估机构能够站在"局外"，不仅能对开展公共课程后学生、教师和学校的增值进行更加客观和公正的评价，同时也能将评价"触角"延伸到学生在行业企业中的持续发展表现，更加全面地评价教师的教学增值。

（五）培育多元参与的教学立体评价文化支撑

职业教育评价需要多元主体参与，这是由职业教育的内在本质决定的。一方面，职业教育人才培养涉及政府、学校、行业、企业等多方利益相关主体，这从根本上决定了职业教育评价需要集结多方主体的共同智慧，从不同视角、不同站位、不同利益出发点对职业教育的育人成果进行综合评价。另一方面，立德树人是我国职业教育的根本任务，涵盖人才价值塑造、文化传递、技能培养的方方面面，需要联合多群体、多部门、多主体共同参与教育过程，切实提升人才的理想信念、道德责任感、集体主义精神、家国情怀等意志品质。而职业教育温暖服务型人才立体评价作为职业教育的一部分，是以过程性和发展性评价促进公共课程育人功能发挥的重要途径，同样需要调动各方主体的主动性，培育多元利益相关主体广泛参与的增值评价文化。具体来说，一方面，培育多元主体参与的职业教育温暖服务型人才立体评价文化需要以"宣传"取得共识。通过对职业教育公共课程立体评价从整体上提升劳动者的综合素质和关键能力、从根本上保证人才培养的规律性和科学性的评价功能进行普遍宣传，使得各个评价相关主体形成正确认识，看到温暖服务型人才立体评价在促进人的全面发展中的巨大潜能，进而积极践行责任参与评价。另一方面，培育多元参与的职业教育温暖服务型人才立体评价文化需要以"行动"凝聚力量。再具有优势的伟大思想如果不能付诸实践，不能以实践成效来进行正向反馈将永远存在于构想阶段。因此，在对职业教育温暖服务型人才立体评价形成正确认知的基础上，首先，需要政府相关部门发挥表率带动作用，通过政策的宏观引领和教育行动来积极推进职业教育温暖服务型人才立体评价，在全社会形成一种通过关注学生成长过程中的"增值"来提升学生综合素质的文化氛围；其次，需要学校对接经济社会发展对人才的需求和国家对社会主义接班人的具体要求，明确教学评价的内容并构建标准和规则体系，评价学生的起点、过程和终点，推进教学评价落实到具体行动上；最后，行业企业需要通过对学生的岗位适应能力、临场能力等综合素质进行科学评价，向学校提出反馈。

四、职业教育温暖服务型人才培养的立体评价实践内容

职业教育温暖服务型人才立体评价体系的构建是新时代职业教育评价改革的重要创新，其理论逻辑基于发展性评价理论与教育增值理论的融合创新。该体系以《深化新时代教育评价改革总体方案》为政策遵循，旨在通过价值目标重塑、评价标准调适、整体制度建构、信息平台支撑和反馈机制优化，构建"以评促学、以评促教"的新型评价生态。实践内容体系包含五大维度：价值目标层面，强调通过理念推广促使教师形成"学生中心"的教学观，将评价作为提升专业能力的工具而非考核手段；评价标准方面，建立职业核心能力、职业素养和社会价值三维指标体系，突破传统单一量化标准，采用多元主体共商权重的动态标准体系；制度建构聚焦评价嵌入教学过程的运行机制，设计引导性规则保障评价效率与秩序，形成"评价—反馈—改进"的闭环管理；信息平台建设依托职业教育数字化战略，构建任务化教学数据采集系统，实现教学过程可视化与学习成效可量化；反馈机制则建立教师个体自适应成长机制与评价体系动态优化机制，通过实时数据监测与周期性效果评估，持续提升评价体系的科学性与适应性。该体系突破传统评价的"结果导向"局限，通过制度创新、技术赋能与文化重塑，推动职业教育评价从"管理工具"向"发展引擎"转型，为培养高素质技术技能人才提供制度保障。

（一）重塑价值目标：以理念推广形成评价效果应用愿景

理念蕴含预设的前瞻性、导向性和设计性思维，是建立在综合性和概括性基础上的"精神实体"，代表了一种追求目标或者境界，是指导实践的"潜意识"和"理性思维"。职业教育温暖服务型人才立体评价的目标是塑造增进学习成效的评价模式，驱动教师持续关注教学质量，通过伴随式教学评价，促使

教师更加关注学生学习成效和学习体验，真正落实以学生中心。在这个理念上，形成温暖服务型人才立体评价的价值目标：温暖服务型人才立体评价不是简单地评判职业教育教师教学的层次，而是通过评价促进教师的专业化水平。其核心主要有：一是帮助教师系统建构基于温暖服务型人才立体评价的科学原理和技术，落实以项目为依托、任务为载体的课堂教学理论原理和现实价值；二是帮助教师依托温暖服务型人才立体评价形成改进职业教育课堂的综合性自治体系，具体包括如何有效读取信息，如何依托技术实现学生个体的水平察觉，如何针对不同的个体实施个性化的学习支持服务。通过研究职业教育温暖服务型人才立体评价、试点应用和示范性课堂的打造等议题，逐步形成系统的教师理念，并用理念指引系统规划自身的教学行为，促成个体愿景与职业教育需求的吻合。

（二）调适评价标准：统筹多元主体共建评价标准体系

温暖服务型人才立体评价的出发点是促进学生更好地学习。从高质量课堂意蕴看，主要包括三个维度：一是职业教育课堂特性的形成，主要是职业任务化"类型特征"的课堂特性形成，需要依托项目化课程和任务化教学来开展；二是职业教育课堂对需求的回应，主要是社会对职业教育人才的需求和个体参与职业教育获得的成长；三是职业教育课堂的发展水平，主要是与同类型教育形成横向比较，建构沟通基础。职业教育高质量课堂的三个维度并不是边界清晰的内容，而是交织呈现的整体，这就加大了多元主体参与教学质量标准建设的难度，也是传统的教学评价难以真正让人信服的原因。温暖服务型人才立体评价需要加大学生学习成效在整体评价标准中的表达能力，通过多元主体共建评价标准、共商评价权重的模式，对现有评价指标体系进行全方位管理，尤其是将温暖服务型人才立体评价融入教学过程评价模式、参与评价权重等方面，提升标准建设的科学程度。评价标准的核心是解决教学质量的高低问题，以标准为度量尺度，区分职业教育教师教学的水平。从整体看，温暖服务型人才立体评价结果呈现正态化分布，但需要形成可以量化的标准，核心是赋予学生伴随式评价中所反映的专业层次（群类层次）、教师自身、教师同行评价的学术层次以及教育管理者评价的规范层次等的加权，同时在数据广泛采集的情况下，也可以采信部分数据终端所收集的补充性证据。

（三）建构整体制度：按照运行机制的逻辑建立运行规则

职业教育温暖服务型人才立体评价对传统教学评价的超越，在于将评价嵌入到教育教学过程之中，实现了以学生实际成效映射教师的教学实效，促使教师关注学生学习过程，这种评价模式的改变，需要融入价值的制度先导、体现价值的规则体系和效果反馈的制度体系。首先，以引导、规范和赋能为宗旨，设计多元主体参与温暖服务型人才立体评价的形式、内容、时机和途径，比如学生需要在教师完成具体任务教学时评价自身的习得程度；教师需要按照教学课时评价自身教学的具体目标达成程度等，这些制度的建设，是发挥职业教育温暖服务型人才立体评价的基础支撑，也是核心内容。其次，以效率和秩序为目标，建构基于温暖服务型人才立体评价的运行规则，形成科学的运行机制。效率指的是投入与产出的比例，对于温暖服务型人才立体评价而言，不能全面评价课堂的相关核心要素，需要抽取最为重要的评价内容——学生的习得，并且这样的评价需要快速、简单并且有效率，还需要规避教师去引导学生打偏离自身实际状态的高分的现象，也就是维持温暖服务型人才立体评价的秩序，比如对教学立体评价效果好，而终结性考核在同专业（通识教育中的同课程）考核分数不匹配的进行降分处理，保证温暖服务型人才立体评价的秩序。再次，要形成依托伴随式反馈结构进行教学改进和学习支持服务的制度。温暖服务型人才立体评价的核心是促进教师围绕学生的学习而教，重点不是评价教师在学校教师中的排位，而是塑造围绕学生更好学习的教学生态。温暖服务型人才立体评价中有许多可以直接利用的数据，需要以制度的形式明确教师依托这些数据和证据开展教学改进，真正实现学生的学和教师的教的双向联动。

（四）打造信息平台：支持教学立体评价的信息技术平台建设

温暖服务型人才立体评价是依托信息平台的教学质量评价方式，需要建立起符合职业教育特征的信息平台，在一定程度上，信息平台的建设是温暖服务型人才立体评价得以实施的关键。首先，职业教育温暖服务型人才立体评价的实现，是从教学发起到教学完成整个过程的改造，需要信息平台的支持：在教学发起之中，教师需要根据职业教育的内在逻辑，将教学活动任务化，形成与工作需求对接的任务分割，并以特定的秩序输入到信息平台，向评价的相关利益主体进行展示，并以此为温暖服务型人才立体评价的主要依据。其次，学生等多元主体参与教学立体评价需要借助平台进行即时性评价。显然，过往教学评价也依托信息平台实现，但温暖服务型人才立体评价需要考虑的是即时性的效率，比如完成的时效、参与的比例等硬性约束的条件，以及与多种数据互动的能力，比如学生评价高，但考核结果不好，需要按照规则进行数据调整，部分教师的特征和行为会影响学生的感受。再次，温暖服务型人才立体评价的信息平台还需要逐步将职业教育全过程通过视频、情境感知设备等采集数据进行可视化处理，帮助教师将学生的评价与外部因素直接的变化逻辑形成联动，准确分析学生学习成效背后的原因，并以此提供学习支持服务。

（五）形成反馈机制：建构及时调整优化的评价改革机制

反馈机制是指对事务开展的结构按照一定的标准和程序，对事务推进利益相关主体进行信息反馈的机制，基于此形成事务的不断优化与改进。评价本身是一种反馈机制，其作用的方式是多元主体对教学质量的评价，实现教师对教学的认知和改进，完成自身的专业化成长。本文倡导的反馈机制聚焦于两个层次：一是对于教师而言，建立信息通达的反馈渠道，帮助教师思考任务设计、教学推进、实际效果以及其中的相关教学决策和学习支持服务的合理性问题，并系统性反思职业教育的价值与特征，建构基于反馈机制的自适应成长机制。二是对于整体温暖服务型人才立体评价而言，需要实时反馈、定期总结，逐步优化和改进。从原理上看，职业教育温暖服务型人才立体评价蕴含了教学评价的先进理念，体现了为促进更好学习的评价思想。但具体落实到操作过程中，需要从先决性条件、课程难度、学习情况、学习空间等方面系统规划，体现为不同情境可能会产生完全不同的结果。同时，温暖服务型人才立体评价嵌入到职业教育过程之中，在推进过程中容易产生不适应的问题，比如对评价的频率，多类评价主体的分配权重，参与评价学生比重等，需要不断对照实际效果，进行有针对性的改进。

第六章
职业教育温暖服务型
人才培养的立体评价实践检验

职业教育温暖服务型人才立体评价整体架构提供了一种驱动教师持续关注教学质量，促进学生学习成效提升的方法论框架，通过增加积极结果的相关性因素和减少消极结果的相关性因素实施干预措施，形成了"为了学习而评价"的理论模式构建，但其具体实施效果如何，还需要科学设计实施路径，开展实践验证。重庆市部分职业院校围绕职业教育公共课程教学评价开展系统性改革，构建了"温暖服务型人才立体评价体系"，旨在通过多元主体协同、信息技术赋能和增值评价导向，推动职业教育高质量发展。项目选取重庆市工艺美术学校、渝中职业教育中心、重庆女子职业高级中学及重庆工商职业学院为试点，从制度设计、平台建设和成果培育三方面推进。通过多年实践验证，形成支持学生个性化发展、强化过程公平性、促进师生互促、提升评价科学性等四大优势。

一、职业教育温暖服务型人才培养的立体评价实践过程

（一）实践对象选取

根据研究需要和课题组成员情况，课题组选取重庆市工艺美术学校、重庆市渝中职业教育中心、重庆女子职业高级中学作为中职层次职业教育的实践试点单位，选取重庆工商职业学院（原重庆广播电视大学，现更名重庆开放大学）的公共课管理学院和创新教育学院（马克思主义学院）作为高职层次职业教育的实践试点单位。

（二）实践开展过程

职业教育温暖服务型人才立体评价的实践检验工作从推进职业教育温暖服务型人才立体评价组织实施要点与整体设计方案制定、推进职业教育温暖服务型人才立体评价的操作方案制定、积极培育教学改革成果三方面着力推进。

1. 推进职业教育温暖服务型人才立体评价组织实施要点与整体设计方案制定

基于中职和高职不同层次职业教育的特点，分别推进试点学校结合学校实际情况制定温暖服务型人才立体评价组织实施要点与整体设计方案。

（1）中职学校温暖服务型人才立体评价组织实施要点与整体设计方案制定过程

①确立整体思想

课题组将《深化新时代教育评价改革总体方案》提出的"改进结果评价，强化过程评价，探索增值评价，健全综合评价，充分利用信息技术，提高教育评价的科学性、专业性、客观性"评价理念作为整体思想，推进职业教育温暖服务型人才立体评价的制度建设。

②确立制度原则

制度建设遵循五大原则：一是科学性原则。教师教学质量评价应遵循高等职业教育教学规律和教师工作特点，有利于促进教师提高思想道德素质和教学业务水平，逐步提升课程思政和教学实效，提高课程的教学质量，以课程教学质量提升人才培养质量。二是公平公正原则。教师教学质量评价应客观、公正，不徇私，实事求是，评价方法、内容和结果应向教师本人公开。三是多元共评原则。教师教学质量评价应由学生、教师同行、教学管理人员从不同角度共同评价，做到科学、有效和公正。四是增值评价原则。教师教学质量评价应由传统的标准化评价转向"学生能力提升程度＋水平实现程度"的增值性评价，注重伴随性过程化评价，引导教师关注每个学生的成长。五是量化与反馈原则。教师教学质量评价应该可以量化，可以根据教师教学情况进行切实的反馈，帮助教师成长。

③建立工作程序

一是结合国家教育评价改革整体方案要求，根据职业教育现实，研究教学评价引领学生发展的实效因素，形成针对公共课程实施的"基准评价＋增值评价"

改革方案，促进每一位学生更加投入学习。二是引入"学生的学"，形成管理、同行、学生共同评价教学成效的操作方法和模式，引导教师在教学中关注学习者体验和教学实效，探索服务学生高质量学习的教学评价改革。三是根据试点学校公共课程实施情况，结合可利用资源实际和试点学校师生现实发展需求，设计有针对性的教学立体评价改革试点推进方案。

④确立评价周期

一是教学立体评价对象为该学期在学校任课的专兼职公共课教师。二是教学立体评价以一个学期为基本单元，以两个学期评价得分的平均分作为教师全年的综合评价结果。

⑤拟定评价内容

根据教学立体评价理念，将以下评价维度纳入评价范围：一是教学中政治、思想和职业道德表现；二是教学中业务技术水平和教学组织管理能力；三是治学态度、敬业精神和教学纪律；四是教学目标任务的实现程度和教学效率。

⑥确立评价权重

评价采取学生（教师所授课班级学生）测评、同行测评（教师测评）和教学管理人员（教务处处长、副处长、教务科长、各系教学管理干部、教学督导等）测评三个方面相结合的方式。测评总分为 100 分，其中学生评分占 50%，同行评分占 10%，教学管理人员评分占 10%，学习成效评分占 30%。学习成效评价中，公共课程采取集体阅卷方式开展，同门课程平均分在前 30% 的课程，评分为 30 分；平均分在前 90% 的课程，评分为 20 分；平均分在后 10% 的课程得 10 分。如果缺乏同行评分和管理人员评分的课程，则将学生评分按照 70% 的权重计入。

⑦商定评价操作

评价采用专门平台开展，同行评价在听课之后 10 个工作日之内，将评价结果输入到平台；学生评价采取及时性评价，课程结束之后通过电脑、手机等终端评价结果，教师负责提醒和督促学生参与评价，学生参评率低于 80% 的，教学管理人员评价得分减半折算总分。

⑧确定评价结果分类及其应用

评价结果分 A、B、C、D 四等，其中 A 等不多于 15%，B 等占 60% 左右，C 等占 20% 左右。凡评价期内出现重大教学事故者，评价结果直接评定为 D 等；出现严重教学事故者，在原评价等级基础上降一等；出现一般教学事故者，评价总分扣 5 分。一是每学期和每年对教师的评价结论和本人教学中存在的主要问题由各学部派专人转达给教师本人，并听取教师本人的意见。学期评价结果作为确定教师积分的依据，其中 A 等积分单课程增加 5 分积分，工作量超课时津贴增加 20 元。二是年度评价结果作为教师年度绩效工资分等的依据。三是近三年年度评价结果平均分折算等级为 C 等及以下者不得晋升上一级教师职务。四是对年度评为 C 等的教师，所在学部的领导和教研室主任应帮助其分析原因，总结经验，要求其提出整改措施，提高教学水平。五是对年度评为 D 等的教师，应予以告诫，告诫期半年，在告诫期内安排其学习或业务进修，告诫期内不发岗位工资和绩效工资，告诫期满前一个月向本系提出上课申请，经组织评价认为具备上课条件后方可安排授课任务。六是对连续两个评价年度均为 D 等的教师应予以调离教学岗位。

⑨建立调适机制

一是申诉方法。教师对评价结论不服的，可在评价结果转告本人的 7 个工作日内向本系提出书面申诉（写明申诉事由，并附相关证明材料），教学部在接到申诉后应报告教务处和分管校领导，由教务处会同教学系相关人员组成调查组进行调查核实，若评价结论与事实无出入，则直接告知本人，并做好思想工作；若事实有明显出入，则由分管领导组织相关人员重新研究给出新的评价结论。二是资料管理。教师教学质量评价的相关电子资料建立常态化备份机制，由教务处复制到学校档案馆保存。教师教学质量评价的全部纸质资料和通知文件由教务处妥善保管，并对评价者的个人相关信息保密，教师本人可查阅对本人的评价意见和得分情况。三是修改办法。在试行中需要修改的，由学校教务处提出修改意见，提交学校办公会研究，经批准后执行。

⑩形成保障机制

教学评价不是一个单一的系统，需要与教师绩效体系、教师发展体系相联结。为推进温暖服务型人才立体评价工作的开展，试点学校分别发布了教师教学评价改革试点工作方案，保障评价改革工作的顺利推进。同时，为推进一线教师积极参与公共课教学评价改革，试点学校还积极探索将教师参与教学评价改革纳入教师积分管理和绩效评价范围。

（2）高职院校温暖服务型人才立体评价组织实施要点与整体设计方案制定过程

①制订改革方案

以教育数字化转型为契机，将现代信息技术手段有效融入公共课教学过程和教学评价，推进"以思政课为龙头的公共课程数字化教学改革"。试点学院根据实际情况制定公共课教学改革方案，其间历经数次修订，至2024年春，《思想道德与法治》《毛泽东思想和中国特色社会主义理论体系概论》《形势与政策》《习近平新时代中国特色社会主义思想概论》四门思政核心课形成了较为成熟的专题化教学改革方案，明确在教学评价方面，推进教学立体评价，积极利用"优学院"平台制定线上学习任务并科学设定评价指标，精准掌握学生学习情况，做好过程评价，关注学习过程增值，利用"优学院2.0"APP进行机考，明确考核侧重点，科学做好结果性评价；《职场通用英语》课程形成了较为成熟的班内分层教育数字化教学改革方案，明确在教学评价方面，实施教学立体评价考核，遵循增值评价和教育数字化理念，全面反映学生在英语学习过程中的增值情况，即班内不同层级学生在知识、技能、态度等方面的提升，注重结果性与过程性评价的结合，既关注学生的学习成果，又重视学生在学习过程中的表现与提升；《体育》课程形成了较为成熟的"1+X+R"一体化教学改革方案，明确在教学评价方面，教师根据学生表现评定平时成绩（占总成绩比例60%）和期末考核（占总成绩比例40%）。其中，平时成绩考核方式为课堂表现+R（课外体育任务完成情况）。在平时成绩方面，积极利用信息技术手段，如"Keep"运动APP，精准掌握学生课外体育活动参与情况，做好过程评价，关注学习过程增值。期末成绩考核方式为每学期要求的基本运动技能，即1（1项基本技能）+"X"（自选专项体育任务）+附加分（其余体育活动表现）。结果性评价采取百分制形式评定，由授课教师根据各项体育运动特点、授课内容，制定不同考核标准，分别从达标和技评两个方面制定标准，如排球课考试，达标考试占60%，技评成绩占40%。

②形成保障机制

为保障"以思政课为龙头的公共课数字化教学改革"顺利实施，将该项工作纳入年度工作计划和创新工作计划等各项工作规划，并依托年终绩效分配方案、教师岗位绩效考核方案等，激励全体教师积极参与公共课数字化教学改革，逐步树立教学立体评价改革理念。

2. 推进职业教育温暖服务型人才立体评价的操作方案制定

温暖服务型人才立体评价是依托信息技术平台的教学质量评价方式，需要建立起符合职业教育特征的信息平台，在一定程度上，信息平台的建设是温暖服务型人才立体评价得以实施的关键。首先，职业教育温暖服务型人才立体评价的实现，是从教学发起到教学完成整个过程的改造，需要信息平台的支持：在教学发起之中，教师需要根据职业教育的内在逻辑，将教学活动任务化，形成与工作需求对接的任务分割，并以特定的秩序输入到信息平台，向评价的相关利益主体进行展示，并以此为温暖服务型人才立体评价的主要依据。其次，学生等多元主体参与教学立体评价需要借助平台进行即时性评价。显然，过往教学评价也依托信息平台实现，但温暖服务型人才立体评价需要考虑的是即时性的效率，比如完成的时效、参与的比例等硬性约束的条件，以及与多种数据互动的能力，比如学生评价高、但考核结果不好，需要按照规则进行数据调整，部分教师的特征和行为会影响学生的感受。再次，温暖服务型人才立体评价的信息平台还需要逐步将职业教育全过程通过视频、情境感知设备等采集数据进行可视化处理，帮助教师将学生的评价与外部因素直接的变化逻辑形成联动，准确分析学生学习成效背后的原因，并以此提供学习支持服务。

基于此，课题组基于中职和高职不同层次职业教育的特点，指导试点中职学校结合学校实际情况开发职业教育温暖服务型人才立体评价平台，推进多主体参与、多因素整合、多层次沟通、大数据支持的教学立体评价开展；指导试点高职院校结合学校实际情况，依托公共课数字化教学改革，引入优学院、U校园、"Keep"运动 APP 等信息技术平台和信息技术工具，强化过程评价和增值评价，实施温暖服务型人才立体评价，形成职业教育温暖服务型人才立体评价的操作方案，指导行政管理人员、教师和学生落实教学立体评价行动。

（1）中职学校职业教育温暖服务型人才立体评价的平台建设

①职教公共课立体评价平台简介

职业教育温暖服务型人才立体评价平台（以下简称职教公共课立体评价平台）是一款专为职业教育设计、主要面向公共课的教学评价系统，其核心理念是构建一个全面、客观、科学的评价体系，以提升职业教育的教学质量。平台通过合理设计、可动态完善的评价模板和高效的操作流程，实现多元多维度的教学评价。学生能够通过过程性评价和集中评价活动，及时反馈学习体验与学习效果。教师可以通过评价活动了解学生的学习情况，改进教学方法，更好地满足学生的学习需求。同行教师通过观摩评价，相互促进。管理员在参与评价的同时还可以依托系统化的评价数据，进行科学的教学管理和决策。

②职教公共课立体评价平台的模块

一是系统管理员模块。系统管理员模块是平台的核心管理部分，负责整体的系统设置和数据管理。管理员可以添加评价批次，设置评价权重，创建和编辑学生过程性评教和阶段集中评教的指标模板，以及管理人员评价指标模板，执行汇总和计算教学评价结果等。

二是教师评价模块。教师评价模块旨在支持教师进行日常教学评价工作。教师可以登录平台访问所授课程列表，生成课程专属二维码供学生加入课程，并创建评价活动。教师可以新增或编辑测试题，设置题目，在具体评价活动中绑定测试，查看全部评价活动的完成情况，以及未完成学生的名单等。该模块还提供了查看评价活动统计结果和批阅学生测试的功能，帮助教师实时了解学生的学习进度和效果。

三是同行评价模块。同行评教模块支持教师间的相互评价。管理员评教模块类似于同行评教模块，评教主体为教学管理人员，系统管理员为其可预设与同行评价不同的权重。

四是学生增值性评价模块。学生增值性评价模块旨在为学生基于教师创建的评价活动完成自我体验与内容习得反馈。这一模块有助于学生反思学习过程，促进自主学习。

五是学生集中评教模块。学生集中评价模块用于组织学生对课程进行集中评价。该模块确保学生集中评教的有序进行，并及时更新评教进度，便于学校在期中、期末等时间点进行整体性评价安排，快速获得教学评价截面情况。

③职教公共课立体评价平台操作程序

平台操作说明包含6个方面：系统管理员操作说明、教师操作说明、同行评教操作说明、管理员评教操作说明、学生增值性评教操作说明、学生集中评教操作说明。

系统管理员操作说明。系统管理员模块功能包括添加评价批次和设置评价权重，系统管理员可以根据学期或课程设置不同的评价批次，并为每个批次设定权重。系统管理员可按照模板准备教学数据表并导入系统，以确保评教数据的准确性。设置评价模板方面，系统管理员可以创建并定义同行评教、管理评教、学生过程性评教和学生集中评教的指标模板，同时设置分值计算比例，保证评教的公平性。系统管理员还可以按照模板导入教学成效数据，系统会自动计算评价结果。系统管理员可以创建并定义同行评教、管理评教、学生过程性评教和学生集中评教的指标模板，同时设置分值计算比例，保证评教的公平性。

教师操作说明。教师可以登录平台查看和管理所授课程列表，为各课程创建不同的评价活动，并新增或绑定测试题，以多样化的形式进行教学评估。在设置题目时，教师可以输入文本内容，同时支持上传图片以满足复杂公式或图表的需求。教师可以查看所有已创建的评价活动的完成情况和统计结果，及时了解学生的评价及测验情况，并对学生提交的主观题进行批阅。可查看未完成评价的学生名单，确保评教工作的及时性和准确性。

同行评教操作说明。同行评教模块允许同行教师通过钉钉扫码登录后，筛选授课教师和相应课程进行评价。每位教师每天限对同一教师提交一次评价，确保评价的公正性和科学性。

管理员评教操作说明。管理员评教模块为教学管理人员提供了与同行评教类似的功能，通过钉钉扫码登录后，可筛选授课教师和相应课程进行评价，每天限对同一教师提交一次评价，以确保评教工作的规范性。教学管理员的角色权限及其评分权重由系统管理员分配。

学生增值性评价操作说明。学生增值性评价模块主要功能在钉钉"评价"小程序，学生通过点击尚未完成的评价活动，进行自我体验与内容习得反馈、反馈学习困惑、参与测验等。

学生集中评教操作说明。学生集中评教模块中，系统管理员在电脑端获取课程专属评教地址并分配给辅导员或班主任，确保评教活动的有序进行。辅导员、班主任或其他老师可以通过电脑端或钉钉手机端组织学生进行集中评教，确保评教数据的完整和准确。系统还具备处理学生访问错误地址或错误加入班级的异常情况，确保评教数据的准确性。

辅导员、班主任（或其他老师）组织学生评教。方式一：在电脑端打开接收到的正确班级专属评教地址。首先，班主任（或其他老师）钉钉扫码打开平台。然后，辅导员、班主任（或其他老师）再次确认显示的班级信息正确。最后，辅导员、班主任（或其他老师）督促学生使用手机钉钉扫码并完成评教，

确保全部学生加入。页面会自动更新加入学生的数量，学生评教完成的课程数 /
总数。完成全部课程评教的学生会在完成列显示。方式二：在钉钉手机端，将
班级专属链接分享到班级群中。学生点击该地址，会打开与方式一类似的页面。
学生确认无误，点击绿色按钮，开始评价。需注意的是，分享的班级群务必是
与专属地址中的班级完全一致。如果不能确定或者钉钉中的班级群人员与实际
教学班级不一致，则不推荐使用此方式。

（2）高职院校职业教育温暖服务型人才立体评价平台的引入

试点学校积极推进信息技术手段融入公共课教学改革，自 2021 年秋期开始，
在《毛泽东思想和中国特色社会主义理论体系概论》课程中探索性引入北京文
华在线教育科技股份有限公司开发的"优学院"教学平台，利用平台智能设计、
智能互动、智能记录等优势，加强对学生学习过程性数据的分析和评价，支持
教师根据学生实时学习情况调整教学策略、调适教学内容、开展学习支持服务，
真正服务每个学习者的发展。

基于平台良好的增值数据记录和分析功能，自 2022 年秋期开始，除《毛泽东
思想和中国特色社会主义理论体系概论》课程外，《思想道德与法治》《习近平
新时代中国特色社会主义思想概论》《思想政治理论课综合实践》《劳动教育》
《中共党史概论》《重庆党史人物》等课程也陆续启动"优学院"教学平台服
务教学过程。除此之外，在《职场通用英语》课程教学实施过程中，同步引
入 U 校园平台功能，将学生听力与口语能力活动参与情况与完成效果纳入教
学评价考核；在《体育》课程教学实施过程中，积极引入"Keep"运动 APP
过程性记录功能，将学生课外体育活动参与情况与完成效果纳入教学评价考
核，重视学生过程性数据分析和学习过程能力增值情况。

3. 积极培育教学改革成果

项目组主要从三方面积极推进教学改革成果培育：一是积极针对主题开展
理论研究，梳理教学立体评价的内涵与功能，尤其是增值评价在教学评价中的
价值与落实，积极撰写研究论文并发表，为职业教育领域扭转不科学的教育评
价导向，推进公共课程教学评价改革和提升教学实效提供了一定的理论参考；
二是积极推动试点学校公共课教师参与教学评价改革，提炼改革经验，撰写研
究论文和工作典型案例，提升成果示范效应。其中，重庆工商职业学院公共课
教师积极参与学校"职业教育学生学业评价考核"典型案例评选活动，项目实

施期间，10 位教师撰写的典型案例在学校评选活动中获奖。重庆市工艺美术学校王瑶老师撰写的《数智赋能促提升 过程评价优课堂》和重庆市女子职业高级中学陈艳丽老师撰写的《聚焦增值 弱化功利 以立体评价改革促进职业教育教师发展》案例，被推选至重庆市参与优秀教学案例评选活动；依托学校推进数字化教学改革契机，项目组成员依托岗位职责，积极向学校报送"以思政课改革为龙头的公共基础课改革"创新行动计划，推进数字化赋能下的温暖服务型人才立体评价实施。三是，项目组还积极推动试点学校聚焦温暖服务型人才立体评价改革培育教学成果奖，相关工作持续推进中。

二、职业教育温暖服务型人才培养的立体评价实践成效

（一）职业教育温暖服务型人才培养的制度架构

评价改革是一项"大切口、全系统、全过程"的改革，是一项巨大的系统工程，既包括办学评价、教学评价、管理评价等教育内部评价的模式，也包括社会评价、用人单位评价对职业教育内部的改变，需要形成以系统思维和过程思维为出发点，从整体上把握系统改革对教育发展规律上的作用方式，系统分析事物内在机理以形成整体的体系，并设计科学的路径。其中最为核心的是建立标准体系，形成高质量发展的内在逻辑关系，建构评价改革与发展的共进机制，形成评价效果与绩效互动的质量反馈机制。

1. 多元主体协同建设职业教育高质量发展的标准

评价改革引领职业教育高质量发展的关键在于质量标准的建设，具体包括宏观层面的办学评价标准、中观层面的管理评价标准、微观层面的教学评价和学习评价标准，这一系列标准是发挥评价改革的基础性条件，是引导职业教育办学、教学建设和支持与保障体系建设的基础，是应用评价手段引领职业教育高质量发展的基础，是允分利用大数据等现代信息技术，对职业教育进行综合集成、动态监测和全方位评价的基础。然而，职业教育质量标准既不同于企业标准，也不同于政府运行效率的评价，职业教育质量标准是建立在职业教育自我管理和自我约束上的标准，不仅包括显性的测度指标，也包括学习者学习成效的测度和学习者对质量感知的主观性体验，还同社会需求产生千丝万缕的联系。但通过标准折射的办学者对职业教育的内在逻辑是一致的：上层对质量管

理变革的决心，基于特定理念的质量引领标准，满足学习者需求的热情，授权团队对团队参与的标准予以支持，特定的程序和绩效调整以及对建设和执行标准体系的长期关注等。

从职业教育高质量发展的内在要求来看，质量标准是特性表达、需求满足程度和同方位比较的综合，所面对的是一个综合的目标体系，也没有明确的测量值，这就涉及多元主体在标准建设过程中的需求表达问题和要素整合问题。同时，标准建设的过程也是多元主体求共识的过程。从评价改革的参与者关系来看，政府是职业教育办学资源的主要来源，服务社会的技术技能型人才是职业教育的主要受益者，职业教育学习者是职业教育的直接对象，职业教育学习者对职业教育的诉求核心是技能成长和人生增值，职业教育院校围绕课程与教学对职业教育发挥作用，企业和行业既是职业教育培育人才的最终出口，也是职业教育人才培养的关键性因素。从标准体系的核心内容来看，社会需要职业教育学习者具有持续发展能力；企业需要职业教育学习者具有知识技能；政府需要职业教育学习者满足转型发展的社会支撑；学生需要满足个人发展的素质等，这些都可以用"职业逻辑"和"教育逻辑"进行整合，其中"职业逻辑"核心是企业、社会对职业教育人才的需求；"教育逻辑"核心是职业教育人才成长的阶段性、持续性和稳定性过程。从利益相关者、核心内容和组织形式看，都需要形成多元协同的关系来建构标准，其中核心是职业标准与教育标准的双向交织，其中的主体是行业企业和学校，是主要的利益协同对象。因此，职业教育高质量发展的评价标准是政府主导，行业企业和学校主体，其他利益相关者参与的整体架构，共同建构标准体系，并梳理标准之间相互作用的复杂网络，共同探索高质量发展所需要的评价标准。

2. 依托制度表达评价与高质量发展交织联动体系

尽管从逻辑上可以表述清楚职业教育评价改革与引领职业教育高质量发展之间的内在关系，但这种关系的形成需要系统的制度来落实与表达，核心是制度和制度化过程。"制度是稳定的、受事务影响的周期性发生的行为模式，制度化是指组织与程序获取价值观和稳定性的进程[1]。"评价改革引领职业教育

---

[1] [美] 塞缪尔·P·亨廷顿. 变化社会中的政治秩序 [M]. 王冠华，刘为等译，上海：上海世纪出版社，2012：10.

高质量发展的核心是建立以高质量发展为内核的制度，并在组织行动中推进制度化，形成一套相对稳定的规则体系，固化利益相关者的认知、约束其行为方式、并促使其形成一套固定化的模式。首先，通过规则体系唤醒职业教育参与主体对高质量发展的认知。评价改革作为办学制度层面基础性的改革，核心是表达高质量的具体诉求，其作用起点是参与主体对高质量发展的认知，这种认知通常通过规则体系的建设和实施，与参与主体进行交互，理解新时代高质量发展的诉求，认同相关的评价标准，并按照环节要求改进参与课程建设和教学实施。其次，通过制度实施的组织形式强化评价标准在高质量建设过程中融入。制度的落实需要制度承接的组织和形式强化规则与实施主体之间的交互，将制度及其内容以引导、赋能和约束的方式影响教育教学，实现评价标准所蕴含的理念、内容和要求融入高质量发展过程中来。最后，要通过制度固化为稳定的行为范式。评价制度改革的最终目的是形成一系列与评价要求一致的行为和惯习，并通过行为和惯习实现"量"的累积，达到教学改革改善的结果，实现职业教育的高质量。同时，在惯习形成过程中，在对自身评价的反思中提升对评价本身新的认知，形成新的一轮变革，也正是这种变革与质量之间的多层次关系，构建了评价改革引领职业教育高质量发展联动体系。

3.形成评价与发展的多向度沟通与高质量发展机制建设

标准与制度建设还不能完全落实评价引领职业教育高质量发展的系统建构，需要形成以标准和制度为内核的运行机制，将标准所体现的育人质量要求与办学各个环节形成多节点的互动，形成评价与发展的多向度沟通。首先，按照评价着力的层次形成"上下联动"的层次关系。从宏观层面看，职业教育需要倡导"德技双修、以德为先"的整体氛围，同时通过整体引导的形式，比如构建职业教育与培训资历框架，按照整齐划一的形式把职业教育的基础质量要求统一起来；在中观层面，职业院校需要建立起以评价为突破口，契合自身职业要求的高质量运行机制，对自身办学形成整合性的"标准—制度—行动—反馈—标准"的闭环，塑造职业教育高质量发展的基本面，从专业（群）、课程、教学模式、学习空间等形成系统性的统筹推进的机制；在微观层面，职业教育的高质量发展，根基在课堂，需要促使课堂成为真正锻炼学习者技术技能、养成深度学习的场所，关键将高质量的要求通过即时性评价传达给教师，促进教师不断改进课堂教学、实施个性化学习支持服务等。其次，按照评价作用的方式设计引领高质量发展的形成机制。评价改革引领职业教育高质量发展的作用机制从形式上看，可以是"行政—计划""指导—服务""监督—服务"等三种主要的形式[1]。"行政—计划"形成机制强调的是用行政的手段，以计划的形式将评价引导职业教育高质量发展的要素整合起来进行作用发挥；"指导—服务"形成机制强调的是用指导和服务的手段，将标准和制度的要求落实到职业教育高质量发展的过程之中；"监督—服务"指的是既用行政和计划的手段，也用指导和服务的手段，将标准和服务的要求落实到职业教育高质量发展过程之中的形成机制。再次，需要按照评价改革所实现的功能设计特定的机制，促使职业教育高质量发展的生成。制度要更好发挥作用，还需要从功能的角度支持各个部分之间的相互关系及其运行方式，具体包括激励机制、制约机制和保障机制。激励机制指的是按照激励运行的模式，形成各个部分相互支持的模式；制约机制指的是按照制约运行的模式，形成不同要素之间的相互约束关系；保障机制指的是按照环境建构的模式，支持各个标准和规则发挥作用的模式，比如在评价改革中要准确评价学习者在学习过程中的"增值"，需要借助大数据技术对教育教学全过程的支持。

4. 建构评价与绩效互动的评价优化反馈机制

反馈具有建构功能，评价改革的核心是通过评价实现过程的优化，进而形成结果的优化。以评价改革引领职业教育高质量发展的作用路径是以反馈驱动的，方式是借助反馈所承载的信息，实现引导、赋能和规范的作用。从反馈的类型来看，可以分为结果性反馈、阶段性反馈和伴随性反馈，其反馈机制可以分为结果性反馈机制、阶段性反馈机制和伴随性反馈机制。结果性反馈机制指的是通过对项目或者任务形成全面的、系统的结果性评价的任务反馈，以此支持职业教育全面认识自身的发展状态及其不足之处，并以此为改进对象，进行系统改进的机制。阶段性反馈机制指的是按照时间、事件、触发的条件等为依据，对阶段性的成效进行反馈，以此对阶段性未实现成效和不足进行改进的机制。阶段性反馈机制的建构有利于在长时段的质量优化过程中，通过阶段性反馈解决过程中出现的问题，规避上时段的反馈作用改进周期过大的问题，同时还具有强化改进效果和加快工作进程的作用。伴随性反馈指的是在工作开展过程中，

---

[1] 孙绵涛. 教育现象的基本范畴研究 [J]. 教育研究，2014，35（09）：4-15.

对出现的相关问题进行及时的反馈，比如在教学过程中，对教学所产生的数据进行及时反馈，具有帮助教师学习分析和教学改进的效果[1]。伴随性反馈机制的特征是通过及时性的反馈信息促使教育教学不偏离轨道。高质量发展是一个整体的、系统的、协同的发展理念，体现为在教育质量上多元因素的综合影响。因此，其反馈机制的建设也是一个总体与部分相结合的机制，在特定阶段更多关注的是特定的反馈机制的建设，但需要从不同反馈机制中释放发展动力，将反馈机制的建设作为推动职业教育发展的主要抓手，通过反馈机制，将质量的理念注入职业教育治理文化之中，以整体驱动职业教育高质量发展。

（二）职业教育温暖服务型人才立体评价实施的增值报告

在重庆工商职业学院、重庆市工艺美术学校、重庆市渝中职业教育中心、重庆女子职业高级中学等试点推进温暖服务型人才立体评价，取得了一定的实施成效。选取行动周期最为完整、推进落实力度最大的重庆市工艺美术学校开展实施效果调研，根据调研结果形成了公共课程教学增值评价报告，并提交给试点学校，推动试点学校进一步深化改革、落实成效。

案例一　公共课程教学增值评价报告

1. 评价概述

（1）评价背景

《深化新时代教育评价改革总体方案》要求"改进结果评价，强化过程评价，探索增值评价，健全综合评价，充分利用信息技术，提高教育评价的科学性、专业性、客观性"。职业教育的主要目标是实现促进学生高质量就业，实现"人人成才、人人出彩"，即高质量的就业、实现人人成才与人人出彩是学生通过职业教育实现增值的重要表现。为调研学校实施公共课程教学增值评价实效，课题组构建了中职学生增值评价系统的基本架构和指标体系，采取多元回归统计分析模型探索中职学生"不比基础比进步"的增值评价理念落实情况。

---

[1] 吴南中，夏海鹰，黄治虎. 基于大数据的智慧教室驾驶舱的设计与实践——以重庆广播电视大学为例 [J]. 现代教育技术，2020，30（3）：101-107.

（2）评价原则

坚持以学生为增值评价主体。学生是教师和学校发展的一面镜子，是衡量学校办学及教师队伍水平的试金石。学生是教育的对象，但更是教育服务的对象，归根结底是教育的目的。中职班部分学生存在学习习惯和品格不完善问题，增值评价可以使中职学生逐步走向全面发展，学生的成长可以彰显学校工作的教育价值和意义。

增值评价的核心应指向学生的发展。增值既可以指学生学习成绩的进步，也可以是学生学习习惯养成程度的提高；既可理解为学生学习品质培养的转变，也可理解为学生学科技能的熟练程度提高；既可指认知方面，也可指学生生涯规划水平或职业技能的熟练程度变化；既可指学生行为习惯的养成水平，也可指学生的情感；既可指学生个性发展，也可指学生社会性品质。

增值评价的标准应具有差异性。"增值"评价标准的制定，要充分考虑到学校或学生基础性差异和发展阶段的不同，更主要的是应了解和把握他们各自的需求、价值追求的水平。抛除生理因素，学生在学习习惯、学习品质、兴趣特长、情感依恋、态度价值等方面发展基础不同，个人的人生目标追求和需要程度不一，如果过分追求目标的统一，就会陷入传统评价的困境，限制学生主动自主地发展。因此目标标准不可追求大一统，应体现出层次性和差异性。

凸显教育公平。增值评价是符合中职学生教育公平要求的评价方式，运用增值指标评价中职学生不但有助于建立科学而公正的学校效能评价与监控体系，而且有助于教育行政部门更加客观而准确地评估中职班的教育效能，更加有效地进行相关的教育决策，更加合理地进行教育投入。

（3）评价指标体系设计

课题组经专家咨询多次论证，借鉴宋乃庆（2019）、蔡榆（2014）编著的问卷，从操作性定义入手，提炼出中职班教育质量测评指标体系，包括品德与职业素养 Y1、学业状况 Y2、身心健康 Y3、交往与文化认同 Y4、服务区域发展 Y5 五个一级指标和理想信念等 17 个二级指标。构建了测评模型：$Y=0.33Y1+0.26Y2+0.10Y3+0.14Y4+0.17Y5$。

验证表明该测评模型可行、可操作和有效。经过专家和一线教师多次研讨、论证，在品德与职业素养、学业状况、交往与文化认同预期增值为 38.6%，在身心健康、服务区域经济预期增值为 24.7%。

（4）评价内容

评价内容：本评价构建出了中职学生教育质量的可操作性定义：学生通过学习之后，在品德与职业素养、学业状况、身心健康、交往与文化认同、服务区域经济发展五个方面的综合表现。对在校中职班学生进行增值性评价，最后统计分析，得出结论与建议。

评价对象：重庆市工艺美术学校幼儿照护专业学生。

评价工具：问卷与访谈提纲。

评价方法：电子问卷（问卷星）、电话访谈、现场访谈相结合。

2. 实施过程

（1）评价模型与问卷设计

根据中职学生教育质量的操作性定义，在文献研究和调研基础上初步拟定出品德与职业素养、学业状况、身心健康、交往与文化认同、服务重庆区域发展5个一级指标和理想信念等17个二级指标；然后，通过专家专访调查对一、二级指标进行修订；接着，通过专家认同度调研来验证修订后的指标的合理性；最后，运用层次分析法计算指标权重。

在品德与职业素养（Y1）中，理想信念（X11）是指学生在人生理想、国家认同、社会责任、集体意识等方面的表现情况，人格品质（X12）是指学生在感恩意识、自尊自信、自律自强、尊重他人等方面的认知和表现情况；专业情感（X13）即学生热爱劳动的体现；专业技能（X14）是指学生掌握一些基本生产技术知识，会使用一些生产劳动工具。在学业现状（Y2）中，知识技能态度（X21）体现在学生对知识、技能、态度等三维目标达成情况；语言水平（X22）体现在汉语的识、记、读、写、说、思等方面，英语水平（X23）体现在英语的识、记、读、写、说、思等方面；实践创新（X24）体现在学生参加社会实践和志愿服务活动情况以及能独立思考和独立解决问题的思路、方法。在身心健康（Y3）中，身体健康（X31）体现在学生的身高、体重、肺活量、身体运动能力以及发病情况；心理健康（X32）体现在学生的心理适应与接受能力上，自我调控（X33）体现在学生对情绪的觉察与排解、对行为的自我约束能力、面对困难时的态度与表现等方面。在交往与文化认同（Y4）中，同伴交往（X41）体现在学生与同伴的合作、协同和完成任务的能力；文化认同（X42）

体现在学生对中华民族文化知识、民族共同体的认识与实践；民族团结（X43）是学生在社会生活、学习、工作等方面的认同。在服务区域经济发展（Y5）中，民族共同体（X51）体现在与不同民族同学之间友好相处并且坚决反对民族分裂活动；留渝意愿（X52）就是学生将来留渝工作的意愿；工匠精神（X53）在于考查学生对本专业的认同情况。用 Y 表示教育质量，最终构建成测评模型：

$Y=0.33Y1+0.26Y2+0.10Y3+0.14Y4+0.17Y5$

$Y1=0.30X11+0.31X12+0.17X13+0.22X14$

$Y2=0.28X21+0.21X22+0.21X23+0.30X24$

$Y3=0.27X31+0.42X32+0.31X33$

$Y4=0.47X41+0.28X42+0.25X43$

$Y5=0.36X51+0.23X52+0.41X53$

（2）测评模型的验证

①选取对象

本次调研随机选取学校幼儿照护专业 150 名学生为调查对象，共发放验证调查问卷 150 份，回收有效问卷 148 份，有效率为 98.7%。样本情况如下：中职一年级学生 25 人占 16.7%；中职二年级学生 20 人，占 13.3%；中职三年级学生 105 人，占 70%。男生 82 人，占 54.7%；女生 68 人，占 45.3%。

②研究工具

量表包含 5 个一级指标，分别为：品德与职业素养、学业状况、身心健康、交往与文化认同、服务区域经济。每个一级指标下面又分二级指标，共 17 个二级指标。根据一级指标和二级指标，设计了 30 道题目作为验证调查问卷，其中，品德与职业素养设计了 10 道题，学业现状设计了 5 道题，身心健康设计了 4 道题，交往与文化认同设计了 6 道题，服务区域经济设计了 5 道题。该问卷在本次测验中的克隆巴赫 a 系数为 0.83，大于 0.7，具有较高的信度。各一级指标之间的相关系数在统计学意义上都显著，且在 0.2 ~ 0.5 之间；各一级指标与总量表之间的相关系数都显著，基本在 0.6 ~ 0.8 之间，说明量表具有良好的结构效度。问卷采用李克特 5 级量表，选项 "1" 到 "5" 分别对应 "1分" 到 "5分"，指标的得分是指所测指标包含的题目的加权平均分。

③模型验证结果

幼儿照护专业重视德育建设，在有关德育比赛中多次获得市级和区级一等奖，这与该校测评结果中品德与职业素养得分较高相吻合。邀请 6 位该校的管理层教师和教学名师组成教育质量评估小组，结合实际情况，对该校在教育质量整体情况和五个一级指标上的表现进行独立评估，结果显示，88.3% 的专家对该校教育质量整体情况给出的评级结果与本研究测评的结果一致，专家对品德与职业素养、学业状况、身心健康、交往与文化认同、服务区域经济五个一级指标给出的评级结果与测评结果的一致度分别为：75.43%、85.71%、88.7%、79.4%、78.5%。专家的评估结果与测评模型得出的结果较一致，说明该模型可以有效地诊断其教育质量水平，最终构建成测评模型：

$$Y=0.33Y1+0.26Y2+0.10Y3+0.14Y4+0.17Y5$$

通过编制教育质量测评量表，对 150 名学生进行问卷调查，实证表明专家对该校教育质量的评级结果与本研究测评模型测算的结果较一致。指标体系指导下的量表编制和实践运用，表明该测评模型具有可行性和可操作性；测评模型测算的结果与专家评估结果的较高一致性，体现了测评模型的有效性。

（3）数据收集过程与分析方法

采用问卷调查法。选取研究对象后，为避免其他因素干扰作答结果，在学校班主任的协助下，由教师说明本次测试目的及填答的注意事项，一、二年级学生现场作答。三年级毕业班学生发放电子问卷，回收问卷后整理研究数据，运用 SPSS25.0 软件进行统计分析。

3. 评价发现

（1）有效提升了学生的品德与职业素养

品德与职业素养 10 道问卷，均值 4.3，明显高于入学成绩 2.7。说明该校注重学生的道德品质教育和职业素养教育。访谈中发现，该校将日常活动积极融入公共课教学考评，鼓励学生积极参与国旗下讲话、日常德育活动课程、烈士陵园扫墓、观看《血战到底》实景剧等活动。通过对比发现，幼儿照护专业学生在品德与职业素养方面增值为 59.2%，大于 38% 的预期值，取得了显著的效果。

（2）显著地提升了学生的学业水平

学业现状下设计了 5 道题，学生自我成就感强烈，学业获得满意度均值为 4.2。通过查证入学成绩和学习一年后成绩，明显高于对应入学诊断成绩。一年级学生入学时数学摸底考试平均分为 38.3 分，语文平均分为 47.4 分，英语平均分为 30.8 分。一学年后，学生数学平均成绩对应达到 68.2 分，语文平均成绩对应达到 78.2 分，英语平均成绩对应达到 68.7 分。一定程度上，可以说明该校在公共课教学改革中有一定成效，较好地提高了学生的学业水平。

（3）明显地提高了学生的身心健康

身心健康下设计了 4 道题，均值为 4.7，大于入学时的均值 2.8，达到预期增值目标。说明该校公共课教学评价将学生身心健康教育有效纳入，体育、文艺活动能满足学生成长需要。

（4）有效地提高了社会交往与文化认同

该指标共设计了 6 道题，均值为 4.7。结合访谈，发现该校积极落实增值评价理念，通过文化艺术节、技能节、篮球比赛、运动会等多种形式，提供学生交往平台；通过法治课程、传统文化课程、社团活动等活动，提高了学生文化认同感。

（5）激发了学生服务重庆的热情

在服务区域经济发展指标下设计了 5 道题，均值为 5。说明学校落实公共课增值评价有实效，教育能力提升，社会服务能力显著提升。

（三）职业教育温暖服务型人才立体评价实施的典型案例

为深化职业教育评价改革，践行"增值导向、数智赋能、全程多维"的立体评价理念，试点学校结合课程特色与育人目标，探索出了一批温暖服务型人才立体评价的创新实践案例。典型案例聚焦教师发展、课堂教学、劳动教育及思政课程四大领域，通过"三段四步""三段五元"等结构化评价模型，融合数字技术强化过程追踪与能力增值分析。例如，在劳动教育中构建"实践—反思—提升"的闭环评价体系，在思政课程中依托数字工具实现"课前诊断—课中优化—课后反馈"的全流程监测，既弱化传统评价的功利性导向，又凸显温暖服务型人才培养中的人文关怀与职业素养提升。这些实践以技术赋能破解评价碎片化难题，以多元维度重塑师生成长生态，为职业教育评价改革提供了可复制、可推广的范式参考。

案例二　数字赋能，构建"三段五元"全程多维立体化评价体系
——以《毛泽东思想和中国特色社会主义理论体系概论》为例

1. 考核背景

党的十八大以来，思政课在守正创新中实现了高质量发展，肩负起坚持为党育人、为国育才的神圣使命。但是思政课在学业评价上仍然面临一定的困境，具体如下：

思政课过程性评价有待加强。思政课学业评价在过程性评价上存在未能贯穿课前、课中、课后全程，评价的指标不够明确且缺乏量化，评价方式缺乏即时性反馈等问题，一定程度上存在学生无法即时获得教学反馈进而弥补不足的问题。

评价指标不完善，增值性评价探索不足。以往评价侧重于知识点的考核，而对于学生道德素养、价值观、实践参与度等方面的考核有待进一步加强，且缺少对学生个体前后变化对比性的评价。即缺乏对于学生增值性评价的探索。

评价主体单一，协同育人作用发挥不充分。随着"大思政课"建设的推进，传统的思政课评价主体以教师为主导的评价方式受到挑战，学生自身、小组成员、思政课实践教学基地导师以及辅导员等多元评价主体的参与亟待进一步加强，发挥协同育人实效，实现对学生更加全面、客观的评价。

2. 考核设计

（1）模式凝练

《毛泽东思想和中国特色社会主义理论体系概论》共计 36 学时，其中理论讲授 30 学时，实践 6 学时。课程注重理实一体，课程考核注重理论认知、认同以及将理论转化为实践的能力等方面的考核。本案例以该课程第一章第二节《毛泽东思想活的灵魂》为例。依托优学院教学平台，构建"三段五元"全程多维立体化评价体系，实现学业评价动态化、可视化、精准化，学业评价结果即时反馈进一步促进学生知识点查漏补缺，综合素养全面发展。

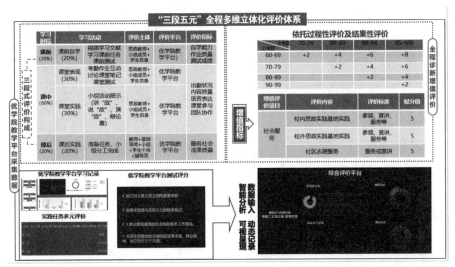

图 6-1　"三段五元"全程多维立体化评价体系

（2）具体做法

依托三段式评价，将结果性评价与过程性评价相结合，凸显过程性评价。

结果性评价通过线上＋线下相结合的方式，线上考查选择题、判断题。线下考核以论述、简答为主的主观题，结果性评价占总分的 40%，过程性评价占总分的 60%，凸显过程性评价。在过程性评价中，依托优学院教学平台，将评价指标数据化，全程动态监测学生学习数据，实现贯穿课前、课中、课后的全程化评价。课前通过优学院发布课程相关知识基础检测题、阅读文献等任务，通过任务的完成度和数据结果，对学生的学情进行精准把握，考查理论认知度，完成课前评价，占比 20%。课中，通过课堂中出勤、讨论、小组展示、随堂测试等课堂表现和课堂实践指标的数据分析，考查理论认同度，实现课中评价，占比 60%。课后，走向社会大课堂，将理论转化为实践，评价注重测量志愿服务参与度等增值评价素养指标，考察实践参与度，占比 20%。

表 6-1 评价指标体系

学号		姓名		小组	
学习活动		评分标准	评价平台	五元评价主体	得分
视频文献学习： 1. 视频学习：《什么是"实事求是"？》 2. 文献学习：阅读文献《习近平：在纪念毛泽东同志诞辰130周年座谈会上的讲话》《反对本本主义》《人的正确思想是从哪里来的》。		观看有记录、有留言计5分	优学院	思政教师	
绘制毛泽东思想活的灵魂的思维导图上传优学院。		总分数5分，有上传记录，学生自评（20%）+学生互评（30%）+教师评价（50%）	优学院	思政教师、学生个体、学生小组	
在红色史料库中观"淮海战役的胜利"，以小组为单位，读原著并将感悟发至优学院教学平台。		总分数5分，有上传记录，学生自评（20%）+学生互评（30%）+教师评价（50%）	优学院		
课前测试（诊断性评价）		得分80～100分计5分 60～80分计4分 0～60分计3分 没做不得分	优学院	思政教师	
课堂表现（30%）	出勤情况	按时出勤计5分。迟到早退计3分，缺勤计0分	优学院	思政教师	
	认真聆听授课，积极思考，遵守课堂纪律。	参与即可得分5分		思政教师	
	小组讨论，并将讨论结果发送至优学院教学平台。	总分为10分，根据质量及参与度打分 学生自评（20%）+学生互评（30%）+教师评价（50%）	优学院	思政教师、学生个体、学生小组	
	积极参与头脑风暴并参与问题回答。	总分为5分，回答2次及以上且优秀答案得10分，回答1次，且符合要求得6～8分	优学院	思政教师	

续表

学号		姓名	小组	
课堂表现（30%）	课堂测试	得分 90～100 分计 5 分，60～90 分计 8 分，0～60 分计 5 分，不做不得分	优学院	思政教师
课堂实践（30%）	小组活动展示、辩论赛、情景剧等	总分为 30 分，结合实践完成度，质量情况，小组成员参与度等打分。不参加不得分。	优学院	思政教师＋小组成员＋学生个体
实践活动："弘道"——淮海战役中的红色故事我来讲		以小组为单位，通过阅读文献或者观看经典红色影视剧或者是"云端"参观淮海战役红色遗址，搜寻淮海战役中的经典红色故事，并将故事撰写解说词并进行讲解，通过 PPT、视频等方式呈现，上传到优学院教学平台。满分 20 分，学生自评（10%）＋学生互评（10%）＋教师评价（50%）＋基地导师（20%）＋辅导员（10%）	优学院	思政教师、基地导师、辅导员、学生个体、学生小组

评价指标多维，探索增值性评价。遵循"为了学习而评价"的评价理念，在评价指标设置时，注重价值引领、素养提升。除知识性内容考核外，一方面注重学生在校内、校外思政实践基地、社区、三下乡等思政大课堂里的实践参与度，关注学生的社会责任感等方面的素养养成，落实立德树人。另一方面，尊重学生的个体学习差异，通过优学院数字化教学平台，动态展示学生学习全程的学业数据变化，激发学生学习内在动力。

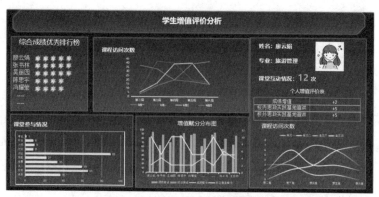

图 6-2　学生增值评价可视化图

评价主体多元，多方协同育人。在评价过程中，实现学生自评、小组互评、思政教师评价、思政课实践基地导师评价、辅导员评价的五元评价主体，发挥多方协同育人功能。学生自评即学生对自己任务参与情况、完成度、进步情况等进行客观评价。小组任务中小组成员之间根据成员任务完成的态度、任务分工等指标进行评价，思政教师结合学生任务完成的形式、内容、创新度、小组协作情况等指标进行评价，思政课实践基地导师结合学生参加实践的情感、态度、价值观、完成度等指标进行评价，辅导员结合学生的参与度等方面进行评价。课前、课中评价主要以学生自评、小组互评和教师评价组成，课后实践部分评价则由五元评价主体共同构成。

表 6-2　课后实践评价

五元评价主体	评价指标	满分	得分	占比
学生自评	学习态度：端正，积极进取，勇于面对挑战和困难	30		10%
	学习情况：对学习的理论能够较为全面地掌握，并与实践相结合	30		
	参与度：能够积极、主动地参与到实践小组活动中，按照分工保质保量完成相应的工作	40		
同学互评	学习表现：注重理论学习，掌握相关的知识，积极拓展课外学习知识途径，全方位学习知识	40		10%

五元评价主体	评价指标	满分	得分	占比
同学互评	人际交往：积极地分享自己的想法，对实践教学提出自己的建议，听取小组同学的建议，与同学保持较好的沟通交流能力	30		10%
	团队互助：积极参与小组分工协作，保质保量地完成小组分工工作，具有创新意识	30		
思政教师考评	学习态度端正，实践选题形式创新，互动性强，较好地体现毛泽东思想活的灵魂的精神实质	30		50%
	文字通顺，语言流畅，观点鲜明，结构完整，条理清楚	20		
	所学理论与实践有机结合，专业知识与社会实践相结合	20		
	实践教学具有较好的实践效果，实现了服务社会、服务人民的效果	20		
	具有较好的推广和应用价值	10		
思政课实践教学基地导师	学生参与基地实践积极性高，主动性强，吃苦耐劳，团结互助。	60		20%
	任务完成质量高，具有一定的创新意识	40		
辅导员	学生参与思政课实践的态度、情感和价值观	100		10%

3. 成果成效

本案例以《毛泽东思想活的灵魂》这一节内容为例进行评价设计，对优学院教学平台教学数据进行量化分析，对学生理论认知度、思想认同度和实践参与度三个维度进行定性分析，得出结论。一方面，学生课堂参与度明显增强，学生对毛泽东思想活的灵魂理论认知达到入脑、入心，课堂参与度明显提升，成绩从课前平均分 65 分提升至 90 分，提升率 38.5％。另一方面，思想认同进一步深化。学生能够主动地运用毛泽东思想活的灵魂指导学习和生活实践，并与自身专业相结合，积极参与到社区服务、校内校外思政课实践教学基地的实践当中，学生社会实践参与的活跃度、次数大为提升，学生素养对比数据明显提高，实现了理论内化于心、外化于行，从而肩负起时代赋予的责任和使命，做红色基因的传承者。

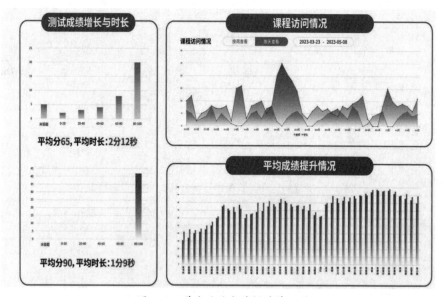

图 6-3　学生平均成绩提升情况

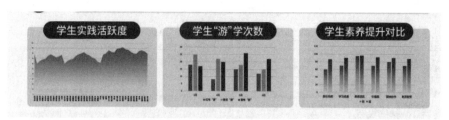

图 6-4　学生课后实践参与度

4. 经验总结

（1）经验启示

依托优学院教学平台开展学业评价，数字赋能，实现了全程动态即时的评价，评价结果既能描述整体特征又能精准画像个体情况，凸显过程评价。三段五元评价实现了评价全程覆盖，多元主体协同育人，评价结果全面、客观。多维立体化评价改变了单一的知识性评价，注重学生道德素养等增值性指标，关注学生个体差异，激发学生学习内生动力，助推思政课铸魂育人实效提升。

（2）存在不足

评价结果应进一步反哺学生学业发展。评价结果现在可实现个性化、可视化地反馈给学生，帮助学生即时了解学业发展情况，但是尚未实现依据个体的个性化需求实现分众化、差异化的测试内容推送。

评价指标有待进一步完善。案例中引入了五元评价主体，一定程度上能够更加立体、全面地对学生进行评价，但是各评价主体的评价指标以及所占评价总体的比重还需在实践中进一步完善。

（3）改进措施

进一步探索智能评价。结合学生的个体专业、兴趣特点、发展需求等给予分众化、差异化的测试推送，并对评价结果进行分析，依据评价结果数据指导新一轮的评价内容设置，实现评价结果反哺学生学业发展，从而更好地促进学生的个性化发展。

进一步完善评价指标。边实践边总结，进一步完善五元评价主体评价指标设置以及占比，在增值素养指标中进一步探索与学生专业的契合度，凸显价值引领。同时，注重加强评价主体的评价培训，提高评价素养，进一步增强评价的准确性和科学性。

5. 推广应用

本案例适用于开设《毛泽东思想和中国特色社会主义理论体系》课程的同类院校进行推广。该评价方式能够较好地将定性分析与定量分析相结合，凸显过程性评价，探索增值性评价，助推思政课价值引领、铸魂育人的育人实效。但在具体应用中需注意以下两点：

评价指标的设置，尤其是增值评价指标的设置应具体问题具体分析，契合办学特色以及学生专业人才培养方案，实现思政课与各门课程协同育人。

案例以数字化教学平台为依托，实现全程、动态、多维立体化的评价，发挥了数字化平台即时、动态、高效的优势，但这也对教师数字素养提出了较高的要求，思政教师应注重数字素养提升，更好地实现数字化赋能思政课教学评价。

案例三 《劳动教育》三段四步立体综合学业评价考核案例

1. 考核背景

（1）政策背景

中共中央、国务院印发的《深化新时代教育评价改革总体方案》要求对结果评价进行改革，对过程评价加以深化，对增值评价深入研究，对综合评价实施优化，以确保评价的专业性与客观性。构建新时代高职劳动教育课程学业评价体系应体现针对性原则，把握过程性原则，坚持发展性原则，应做到改进结果评价、强化过程评价、探索增值评价和健全综合评价，使之在课中每一个环节都有一定的评价指标和评价标准。

（2）现实背景

学校劳动教育课程仍处于不断建设与完善时期，学业评价的目的是整个评价体系的指南针，是评价体系的灵魂。目前《劳动教育》学业评价仍处于探索阶段，在以往评价的导向、激励、不断及改进等功能逐渐弱化，质性评价与量化评价搭配不当，弱化了过程性评价，因此需要思考以下几个不足：1.评价标准模糊化，在评价过程中主观性比较强，没有明确考核标准；2.强调结果性评价，忽略学生实践活动中素养的评价；3.缺乏增值性评价，对于增值评价的项目和评价标准不明确。

2. 考核设计

（1）三段四步立体综合评价体系建构

本校高职劳动教育课程是针对全校所有专业的公共基础课，总学时18学时，理论8个学时，实践10个学时，该课程注重理论与实践相结合。基于过程性评价、结果性评价、形成性评价、增值发展性评价，依托优学院教学平台、重庆高等教育智慧教育平台，构建三段四步立体综合评价体系。

（2）考核实施

三段四步立体综合评价体系，"三段"指课前、课中、课后；"四步"指线上学习、劳动知识学习、劳动实践汇报、课后反思；立体评价侧重多元评价内容、多元评价方式、全程全员参与评价。

三时段	四时段	学习活动	评价内容	评价对象	评价主体	评价方式
课前	线上学习	资源学习	活动参与	学生个体	优学院	线上
		线上答疑	学习进度	学生个体	优学院	线上
		资源学习	测试结果	学生个体	优学院	线上
课中	劳动知识学习	问题抢答	参与及正确率	学生个体	优学院、教师	线上、线下
		活动投票	活动参与	学生个体	优学院、教师	线上、线下
		案例分析	表达及正确率	学生小组	教师、学生	线上
	劳动实践汇报	劳动实践成果	展示成效	学生小组	教师、学生工作室教师	线上、线下
		思政素养	协作情况、理想概念、科学素养	学生小组	教师、学生工作室教师	线上、线下
课后	课后反思	课后自评	自评结果	学生个体	优学院平台	线上、线下
		个人实践反思	反思情况	学生个体	教师、学生	线上、线下
		小组实践反思	反思情况	学生小组	教师、学生	线上、线下

图 6-5 考试考核实施具体过程

①课前：自学任务 + 问题导向

自主学习，在线评价。教师发布重庆高等教育智慧教育平台课前自学内容——《重庆发展史里的匠心故事》，完成章节学习、测试答疑，根据平台学习数据及测试情况进行跟进，给予课前考核，在线评价。

基于支持，精准前测。每专题上课前，教师在优学院平台进行对应的劳动价值观的调查，了解学生的学情，有针对性地进行学生劳动态度和劳动素养画像，据此可以有针对性设计实践活动，为下一步教学活动做好准备。

②课中：任务联盟 + 个别化教学

多方参与，分层评价。从平台、任课教师、学生、工作室教师四方主体，从课内 + 课外，线上 + 线下四个维度，从老师教、学生学、日常习得、工作实行等多个视角，从劳动态度、团队协作、沟通表达、安全意识、职业素养、思政素养等多个方面对学业进行评价，通过小组活动、课后反思、社会化服务等方式评价素养目标达成情况。

动态监测，量化指标。课中强化过程评价、探索增值评价，将评价贯穿全程，可以有效对学生的学习过程、劳动态度、劳动情感、劳动习惯、思政素养等方面，每一个环节有明确的评价指标和评价标准。

表 6-3 课中全程评价指标体系

一级指标及权重	二级指标及权重	评价标准	评价主体	评价方式
课程内容（40%）	考勤（10%）	旷课1次扣1分，迟到早退3次扣1分，扣完5分为止，扣5分的取消期末考试资格。	优学院	线上
	课堂表现（20%）	至少课堂互动率为2次，参考优学院教学平台数据。	优学院教师	线上线下
	平时作业（10%）	作业1次，总分15分，优13～15分、良10～12分、中8～9分、差1～7分，不交0分。	教师学生	线上线下
实践活动展示（60%）	专题一	每个专题通过开展生活劳动、专业劳动、服务性劳动等实践活动，以实践报告、劳动作品、个人演讲等形式展示。（具体评分标准如表1；具体活动展演形式教师可自行设置标准）后一专题所得分数多于前一专题，给予增值赋分。	教师学生个体学生小组工作室教师	线上线下
	专题二			
	专题三			
	专题四			
	专题五			
思政素养	思政素养	根据平台数据、任务完成度、日常行为等对标思政教育内容。	教师学生	线下
总计		100分		

多元评价，实现增值。课后多元评价包括课后课程知识考核，课后学生劳动素养自评、增值项目评价。

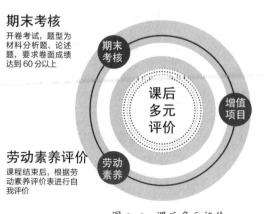

图6-6 课后多元评价

3. 成果成效

为了检验《劳动教育》课程学业考核成效，主要从学生的学习态度、实践活动完成度、劳动素养、团队协作、沟通表达、思政素养等多个方面对课程进行了效果评价。

（1）学习主动性明显提升

由于三段四步立体综合评价的构建，生生间相互督促，相互进步，根据平台数据学生在课堂中的表现较好，积极参与课堂活动，并且在小组合作过程中大部分组可以做到有效分工，愉快合作。

（2）学生实践活动完成度较高

每一小组学生团结协作、分工合理，积极完成每一个专题的实践活动，并及时提交到优学院教学平台，参与度、完成度、规范度较高，实践活动的成绩在90分以上。

（3）劳动素养显著提高

学生课堂参与率提高，实践项目完成度较高。积极参加日常劳动，勤工助学，对接专业生产劳动、第二课堂、社会服务劳动"三下乡"等，以劳健体，以劳育德，以劳增智，学生劳动意识显著提升，知、情、能、技全面提升，创新劳动能力逐步提升。

4. 经验总结

对于高职院校学生学业评价考核改革工作也是推动课堂革命的重要举措，应坚持"一个中心，两个基本点"，即坚持以人民为中心，坚持素质教育在课堂，坚持为学生服务，做到与时俱进，不断完善。三段四步立体综合评价体系贯穿全员、全程、多维评价，发挥以评促学作用。但在今后还需要进一步思考：

（1）结合数字化技术，动态监测

在现有基础上，不断优化考评体系，完善数字化教学平台，增加学生学习偏好的数据采集，匹配实践项目，实现分层指导，充分激发学生学习内驱，调动学生学习潜能，有效提高学生的劳动素养。

（2）注重人性化反馈

任课教师根据课程性质及学生专业特点、班级班风制定"有质有量""有情有行"评价指标体系；授课教师还应注意在每个阶段性评价之后及时给予学生反馈，确保过程性评价不流于形式，真正促进学生全面发展，符合高职院校人才培养目标。

（3）持续探索增值评价

持续探索增值项目的设置及评价标准的规定，选择适合学生专业的增值项目和以现实需求为基础的评价体系。

5. 推广应用

《劳动教育》三段四步多维综合评价体系，注重过程性评价、发展性评价、结果性评价、增值性评价，同时在考核中加入了思政素养的考核，这种学业考评框架体系适合很多基础课，但在借鉴使用时注意：

第一，提升评价主体的评价素质。尤其是在小组评价时要避免主观友情评价，保持客观公正，按照评价标准定性与定量结合。

第二，注意评价不仅仅是评学生，也要评教师，教师根据评价结果进行教学方法更新，教学内容完善，做到以评促教。

第三，正确使用评价平台，注意评价标准的量化、数据收集。

案例四　数智赋能促提升 过程评价优课堂

1. 实施背景

（1）发展动力不足

学习动力不足是影响中职学生学业进步的主要原因，进而产生自我认知消极、学习积极性不够、自我效能感不高、学习目标感不足等各种问题。

教师是实施教学过程的主体。由于职业教育教师过于关注标志性成果，忽视过程性成果。在绩效的"大锅饭"影响下，职业教育教师的自我身份认同不够，职业生涯出现瓶颈及职业倦怠，进而催生出"躺平主义"。

（2）评价方式单一

学生学习评价通常采取"纸笔测试"和"统一标准"，学习过程中的态度转变、主动发展、能力增值等容易被忽视，评价结果不能全面反映学生的能力素养。教师通常运用中期、期末等考试结果对学生的学习效果进行评价，对阶段性教学效果和学生学习体验关注不够，造成评价无效甚至失效的问题。

（3）忽视学习过程

学习是需要主体持续性付出和努力的自我活动。中职学生的学习兴趣、学习主动性都比较差，且稳定性不强，较容易受到外界环境的影响。传统评价方式往往缺乏过程性数据，不能及时向师生反馈学习变化。

增值评价主要关注学生在一段时间内的学科学习变化趋势。增值评价需要从过程中挖掘成长的阶段性表征、证据性数据和标志性成果，需要依托智能平台，系统整合过往与即时、个体与集体的相关成效，并结合时机、情境等进行反馈。

2. 主要做法

（1）夯实顶层设计，促进师生联动

以智能化工具，系统评价教师增值、学生增值情况，并使学生增值与教师教学绩效联动、教师绩效与育人质量联动，形成双向互动。

反馈课程任务单，形成"三位一体"促学框架。针对学生增值，通过智慧平台任务单记录情况，可以分析出不同层次学生的学习状况，按照学生不同能力水平实施分层教学，逐步形成"面对有差异的学生、实施有差异的教学、促进有差异的发展"的教学实践路径，形成"为增值而学、为成效而言、为体验而学""三位一体"动态框架。

关注学习效果，构建"三促一体"行为框架。针对教师增值，可以通过智慧平台任务单反馈情况，围绕任务设计、作业批改、学习效果等情况，掌握学生学习过程变化情况，线下围绕教学计划、教学内容、教学方法、教学工具等方面辅以动态化调整，促进教师形成"教师立足课堂教学增能、落实学生发展增值"的教学理念，建立了教师教学的"促学生发展而教、促过程反馈而教、促课堂增值而教"的"三促一体"行为框架。

（2）评价改革引领，推动要素改革

针对职业教育任务化、模块化、活动化教学落实难的问题，以评价改革为切入点，系统推进课程体系、教学方式、教学激励和条件保障在职业教育教学中的改革。

以岗位项目为内容，重构课程体系。课程体系是实现人才培养质量的载体。传统教学体系以学科知识及内在逻辑为核心，脱离专业实际，不利于学生快速适应工作岗位。以岗位任务的逻辑框架为核心重新建构课程，通过伴随性评价改革，强化教师围绕项目任务设计活动化课程，完成全校 42 门核心课程的任务化改造，并着手开发活页式教材，充分发挥评价的指挥棒作用。

以智能平台为工具，强化过程评价。传统教学评价以提问、作业、作品、测试等为工具，了解学生的学习效果。不利于学生的学习情况记录，无法对学生过程性学习情况进行深入分析。通过教学即时性评价的推进，支持教师根据学生实时学习情况调整教学策略、调适教学内容、开展学习支持服务，真正服务每个学习者的发展。

以反馈增值为手段，激发自我效能。反馈增值是促进师生持续精进的重要方式。平台通过对增值数据的记录、分析能直观呈现教学持续进步情况，让师生意识到自我精进的正面效果，进而强化教学效果。相较于传统教学，智能平台更智能、更及时。通过增值信息的反馈，支持学生、教师、部门能感知自身努力对学习和工作的增值程度，促使其提升自我成就感。

以组织建设为保障，推进增值评价。过程性增值评价重在对学习过程进行测评，需要相关条件、资源联动推进。学校成立由领域专家、校级领导、中层干部、专业部长构成的评价领导小组，保障评价方向正确；在条件保障上，通过增值评价，系统提升教学过程所需的条件保障、制度建设和资源分配，调动学校组织体系围绕学生增值开展条件建设。

（3）全空间运用评价结果，优化评价生态

坚持以评促学、以评促教、教学结合，全校实施增值评价实践，服务学校"尊重每一个学生，善待每一点进步"的增值评价理念，深入实施增值评价工作，形成"增值促发展，成长多联动"评价体系。

建立学生集中交流机制，引导学生学会学习。增值评价有利于教师及时发现学生的学习变化情况，可以尽早对教学计划进行调整，提前干预学生的学习发展趋势。针对不同年级学生、不同性质学科的增值数值，挖掘不同学习表征，定期开展不同情况的学生学习指导交流会。比如高三学生的"高考学习动员会"是促进高三学生持续学习的有效方式，通过真实数据激发学习动力，优化学习状态。

形成阶段性教学研究机制，赋能教研质量。根据教学增值反馈情况，各专业部组定期开展教学研讨。围绕教学目标达成情况、教学任务单制作技巧、教学效果、学习困难等内容分享交流，丰富教研内容，反思教学实效，赋能教研质量。

构建教师分类培养实践体系。根据教师成长规律，结合教学增值情况，制定教师分类培养实施方案。围绕教学新手－教学能手－教学骨干－教学名优的教学能力阶段，从师德师风、教学能力、科研能力、校企协调能力等方面构建发展指标，为不同层次的教师建立不同的"当前坐标"与"未来坐标"，引导教师主动发展，增强教师发展的内驱力，营造良好的工作氛围。

3. 主要成果

（1）优化评价服务育人实践研究

从学生获奖成绩上看，2022 年起，学生参加国家级、市级比赛的奖项数量及质量逐年递增、不断提高，2023 年填补了国家级奖项的缺口。2022 年学生参加市级各类比赛共取得了 127 个奖项，2023 年参加国家级、市级比赛共取得 7 个国家奖项，131 个市级奖项。从学生质量监测成绩看，公共基础课平均分逐年正增长，优秀率提升 5%，后进率降低 2%，学生学业整体质量提升明显。

（2）丰富评价服务育人理论研究

承担市级教改项目《以评价改革引领中职高质量发展的整体架构及其实践检验》，同时成功申报区级评价改革试点项目。在核心期刊发表名为《职业教育公共课程增值评价：价值理性与实践逻辑》的论文，该论文被下载 630 次，引用 5 次；在核心期刊发表名为《职业教育逆向视角下伴随式教学评价的价值意蕴、运行机制与推进路径》的论文，被下载 613 次，引用 2 次。丰富了评价育人研究的理论成果，形成了评价育人研究有效经验。

（3）引领学校教育质量提升

实施教学增值评价以来，一线教师积极交流教学及管理建议，学校新修订了《职称评审管理办法》《提质培优行动计划标志性成果建设经费支持办法》《教师激励奖励制度》等重要制度，切实保障教师发展权益；学校携手企业协同育人，与重庆美丽椰岛美容美发有限公司、北方影视传媒有限公司、天籁艺术文化培训公司等 20 多家公司开展合作，新增重庆大成德馨教育培训有限公司、飞鹰课外培训学校有限公司两家合作公司；顺利申报艺术高考、播音主持、休闲体育服务与管理、舞蹈表演等 4 个新专业，新招学生 100 余人。学校重视教育科研，近两年，新增 13 个国家级、市区级课题。

案例五　聚焦增值　弱化功利
——以立体评价改革促进职业教育教师发展

教师评价是学校治理体系中的关键一环，在教师选聘、成长、发展过程中发挥极其重要的作用。职业教育教师作为一门以"立德树人"的职业，其工作内容与社会功能决定了教师的评价不等同于其他职业的评价。一方面，职业教育的社会适应性要求决定了教师工作具有功利性的一面，需要以各种功利主义的测量方法，准确评价教师参与人才培养的绩效；另一方面，职业教育教师职业的超越性又要求其职业是超越功利主义的，需要教师放弃功利性的计量指标，"完善教师评价体系，健全引导教师潜心育人的评价制度"。对此，中共中央、国务院印发的《深化新时代教育评价改革总体方案》提出了"改进结果评价，强化过程评价，探索增值评价，健全综合评价"，引领我国教育评价改革的基本方向。为了更好地探索中职教育教师评价，对全国 36 位职教专家、全市 131 名中高职教师进行了三十多场访谈，总结了职业教育尤其是中职教育教师评价遇到的问题，并提出了以增值评价的方式，解决中职教师发展的难题。

1. 调研问题

（1）中职教师的评价主要是"问责式"评价

在中职教师的选聘、成长、发展过程中，主要是依托教师所取得的成果，进行合格与否、晋升与否、优秀与否的问责式评价，约 91.2% 的中职教师对评价过程存在恐惧心理，42.4% 的中职教师对教师评价存在回避现象，17.6% 的中职教师形成了实质性的"躺平"，并且以副高级职称教师最多，女性教师稍多于男性教师。

（2）中职教师的评价存在系统性缺陷

几乎所有中职院校对教师的评价主要针对论文、课题、教学绩效、比赛成绩等内容，在教学过程中取得的"增效""成长""投入"等内容缺失，尤其是其在教育教学过程中的育人情境打造、情感投入等缺乏相应的标准。

（3）中职教师的评价造成了教师公共性隐退

由于教师评价的竞争性、对抗性和占位性，造成部分教师只关注与自身利益有密切相关的事情，经常陷入"计算投入、产出、获取报酬和受益"等困境中，对与人共事、关注集体利益、为他人着想的意识退化。

（4）中职教师的评价造成了教师发展焦虑

由于职称职数制约，教师个体的发展对他人形成了"挤占"效应，缺乏"能上能下"的机制，"指标"成为不可逆的"目标"，教师需要为"发展"耽误大量的休闲时间，有教师指出"加入中职教师行业，犹如登上了一列高速运行但停不下来的时代列车。教师作为人的本性被压制，作为人的自然生活被物化，部分教师成为"无信仰、无思想、无生机"的"职称竞争者"。

2. 解决思路

教师评价改革的原点不是用成效对教师的发展形成问责、挤压和竞争，而是寻求一种促进教师不断发展的机制，形成一种自内而外的发展动力。重庆女子职业高级中学尝试以基于大数据的增值评价，取代功利化的问责评价，促使教师按照自身节奏，系统发展。

（1）从"问责"转向"成长"

通过数据平台，系统收集教师发展成效，对教师发展过程进行系统关注，评价其在特定阶段的发展状态，促使教师从关注结果转向关注过程，帮助教师形成了"发展即被关注"的评价观，教师的评价不再是被抵制的事务，而是一种帮助自身阶段性提升的"节点性"实践，是一种通过反馈为自身赋能的发展作用机制。

（2）从关注"指标"到关注"综合"

通过数据平台的建构，促使教师在教学过程中的认知变化、情感投入和动机转向都成为有意义发展中的内容，都可以支撑自身在发展中的"增值表现"，形成既有"指标"等内容的评价，又有"综合素质"的增值评价，全面关注教师成长。

（3）从关注"个体"到关注"协同"

通过数据平台，对教师获得的成效进行总体评分，提升团队面向重大科研项目、重点教改行动、重要工作事项的协同力、组织力和支撑力，凸显教师个体的教学经历、知识生产和社会服务的意义。

（4）从关注"竞争"转向关注"协同"

通过数据平台，将价值引领、德行淬炼、情感引导等作为教师公共使命的内在评价指标，来开发增值评价的评价维度和权重，塑造一种人人发展、质量至上的评价文化，消解分数至上、数量至上的成效逻辑所带来的简单量化主义，减少分数、升学、奖励等外在的评价权重，实现对"他者"的尊重，促进教师协同。

3. 解决方法

（1）建制度：重构教师增值评价制度

按照增值评价理念，设计教师评价制度，并将制度落实在全校系统制度之中，确保评价内容、标准和规范的建构，实现制度对教师发展的引领。

（2）建平台：夯实教师增值评价基础

按照增值评价的内容，建构过程性数据采集平台，建设过程性成果沉淀机制，将增值评价以数字化的形式嵌入到教师生活之中。

（3）建机制：形成教师增值评价运行机制

通过激励机制、规制机制和保障机制的系统建构，形成教师积极参与"增值"、参与"学校建设"、参与"自我发展"的整体机制，实现教师个体利益与集体利益的联动与衔接。

（4）建保障：形成教师增值评价的保障体系

在充分论证、专家指导和征求教师意见的基础上再实施，保障制度实施的有效性、有序性和整体性；在学校建设经费中拨付专项专款，开展平台建设，确保运行的有效性；聘请专家进行过程跟踪、指导成果提炼；配合学校分配制度改革，提升增值评价的系统性支持。

三、职业教育温暖服务型人才培养的立体评价实践反思

以《深化新时代教育评价改革总体方案》提出的"改进结果评价，强化过程评价，探索增值评价，健全综合评价，充分利用信息技术，提高教育评价的科学性、专业性、客观性"为理念指向，对职业教育温暖服务型人才立体评价进行理论整体建构和实践检验，形成相关研究结论如下。

（一）当前职业教育公共课程评价体系的现状与改革方向

1. 传统评价模式的局限性分析

当前职业教育公共课程教学评价体系主要采用结果评价与过程评价相结合的方式。结果评价通过考试、项目成果等形式衡量学生阶段性学习成果，为教学效果提供直观反馈；过程评价则通过课堂表现、作业完成度等动态数据记录学习轨迹。然而，这种模式存在显著不足：

一是增值评价缺失：未关注学生在学习周期内的进步幅度与努力程度，无法体现个体成长轨迹。例如，两名学生期末成绩相同，但起点不同，传统评价无法区分其实际进步差异。二是评价主体单一：过度依赖教师主观判断，缺乏同行、行政管理者及技术平台的协同参与，导致评价维度受限。三是技术支撑不足：数据采集碎片化，缺乏智能算法对多维数据的整合分析，难以实现精准化、个性化评价。

2. 立体评价体系的改革核心

当前职业教育公共课程教学评价重视结果评价和过程评价的使用，结果评价一定程度上提供了学生一定学习周期结束后达到的学业成就或者教育效果，过程评价一定程度上提供了学生过程性数据，为师生改进教与学提供了信息和证据，但严重忽视了公共课程教学实施中对学生学习和教师教学进步幅度和努力程度的评价，也即师生在公共课程教学中的过程增值。因此，职业教育公共课程的教学评价要重点考虑利用现代信息技术手段，探索多元主体参与、多种评价手段整合、多要素相互协同、大数据全程支持的教学立体评价方式，在关注结果评价和过程评价的同时，积极探索学生在公共课程学习过程中，在学业和其他素质能力方面整体发展的进步增量，在关注学生全面发展的同时服务学生的个性化成长，提升公共课程育人成效。

职业教育温暖服务型人才立体评价是指将"互联网+"的整体背景和技术功能融入评价过程中来，在以往关注结果评价和过程评价的基础上，强化增值评价理念，在全人价值取向下，根据职业教育育训并举的特征和"理论"与"实践"交融的需求，广泛采集教学相关的学习者基础数据、过程增值数据和学习成效数据等，通过人工智能算法，准确评价学习者在教学过程之中的相对质量、进步程度和整体成效，并在此基础上，以学习者的过程增值和结果成效积极反馈教师的教学成效，是一种多元主体参与、多种评价手段整合、多个要素协同、智能技术贯穿全程的评价。

（二）温暖服务型人才立体评价体系的理论架构

1. 多维理念融合的顶层设计

该体系以"完整的人"为价值原点，整合三大核心理念。一是"育训并举"方法论。平衡理论传授与实践能力培养，例如在思政课中增设社区服务实践模块，将社区服务成效纳入评价指标。二是"活动—实践"价值取向。通过模拟护理场景中的沟通表现，评价学生服务意识与专业素养的协同发展。三是数据驱动决策机制。构建覆盖课前预习、课中互动、课后拓展的全流程数据链，如某校英语课程通过 U 校园平台记录学生行为数据。

2. 多元主体协同的运行机制

在职业教育温暖服务型人才立体评价体系中，多元主体协同的"四维联动"机制是核心创新点之一。该机制突破传统评价中教师单一主导的局限，通过整合学习者、教师同行、行政管理者及智能算法四类主体，构建起覆盖教学全流程、多维度协同的评价生态。学习者作为直接受益者，通过评价系统实时反馈课堂满意度与学习体验，将主观感受转化为客观数据；教师同行聚焦教学设计的科学性与实践性，通过跨专业听评课活动，从专业视角审视教学实施效果，推动课程内容与职业需求的动态衔接；行政管理者则立足规范性视角，监控课程实施与评价流程的合规性，确保教学评价的标准化与系统性；智能算法作为技术赋能载体，依托大数据分析学生行为轨迹与能力增长趋势，自动生成可视化成长雷达图，为个性化教学干预提供精准依据。四类主体通过"数据共享—多维校验—动态修正"的协同模式，形成"体验感知—专业评估—规范监督—智能分析"的闭环评价链。

表6-4 "四维联动"评价机制

主体类型	关注维度	参与方式示例
学习者	学习体验与成效感知	通过评价系统反馈课堂满意度
教师同行	教学设计与实施科学性	开展跨专业听评课活动
行政管理者	教学规范与组织效能	监控课程实施与评价流程合规性
智能算法	行为数据与增值分析	自动生成学生能力成长雷达图

（三）立体评价体系的实践成效与创新价值

根据对职业教育温暖服务型人才立体评价内涵、理念、要素、运行流程的深度探究，可以构建出科学评价理念引导下的多主体参与、多手段整合、多要素协同、大数据支持的职业教育温暖服务型人才立体评价整体架构。整体架构体现出如下几个特点：一是关注评价理念的多维视角综合。职业教育温暖服务型人才立体评价的整体架构，贯彻了评价过程中"完整的人"的理念、"育训并举"的方法和"活动—实践"的评价价值取向，并通过系统关注评价内容的科学、规范和过程，全面收集学习者的基础数据、过程增值数据和学习成效数据等，反衬教师的教学成效和教学增值，实现师生教学互促的全方位立体观照。二是强调评价主体的多元参与。职业教育温暖服务型人才立体评价的整体架构，体现出不同行动主体依托自身对教师教学的关注，积极参与教学评价的过程：学习者关注学习成效和学习体验，针对学习过程和学习体验参与教师教学评价；教师同行关注教学科学性，关注教师与学习者、课程、活动组织的情况，落实评价理念在教育教学中的支撑力度；行政管理人员关注课堂教学组织，关注教师与教学过程的规范性交互；大数据和人工智能算法嵌入其中，根据教学进程准确评价学习者在学习中的增值以及教师育人能力增值。三是体现评价要素的全过程协同。职业教育温暖服务型人才立体评价的整体架构，体现出多元主体、指标内容、技术平台、算法算力等多要素的全过程协同。在教学立体评价实施过程中，教师需要将课程任务进行活动化、模块化处理，引领学生进行评价任务；学习者根据系统生成任务和自身体验参与成效评价和学习体验的表达，以自身成效感知评价学习效果；教师通过观察学习中行为状态数据，准确评价学习者的学习过程增值和学习成效情况；平台采集增值性、过程性和结果性评价数据，根据教学立体评价指标赋值情况，运用合适的算法和高性能算力，完成评价结果输出；引入行政管理、教师同行等其他主体参与教学评价，对结果数据进行校正，实现教学立体评价最终结果的优化呈现。四是重视评价过程的技术嵌入。职业教育温暖服务型人才立体评价的整体架构，体现出评级过程中大数据和人工智能算法的全程深度嵌入。在整个评价中，教学立体评价平台通过整合多元主体参与的算法，并嵌入人为打分的形式，进行算法的调整，通过整合过程性数据、结果性数据、多元主体参与的数据，准确评价师生的互促发展和职业教育公共课程的育人成效。

1.四大显性优势的实证表现

职业教育温暖服务型人才立体评价在实施过程中展现出四个方面的显性优势：一是支持了学生评价的个体性。公共课教学立体评价建立在学生已有学习能力和增值程度的评测基础上，促使教师积极关注每个学生的学习。二是强化了过程性在学生评价中的作用。公共课教学评价不仅关注结果，同时也关注学生在学习过程中的个体进步增量，强调通过不同阶段的学习获得结果的增值，弱化了传统成效评价中只关注表现性成果的评价逻辑，扭转了不科学的教育评价导向。三是增强了评价的公平性。以往的公共课教学评价更多是通过统一的标准评价学生学习的效果，教学立体评价利用信息技术手段将学生评价从"终点决定"转向"过程累积"，需要更多关注学生在学习过程中的能力提升，增强了教学评价的公平性，有助于引导学生持续性发展。四是形成了师生互促发展模式。教师根据学生过程性和增值情况及时改进教学方式和提供学习支持服务，学生受益于教师针对性指导，实现更大增值，同时以整体性发展反促教师进一步优化教学，形成良性互促发展模式。

2.育人模式的创新突破

项目研究期间，围绕研究主题，项目组发表了《转向增值评价：数字技术支持职业教育学生评价的模式演进》《职业教育公共课程增值评价：价值理性与实践逻辑》等核心期刊论文3篇；制定了职业教育温暖服务型人才立体评价组织实施要点与整体设计方案；制定了职业教育温暖服务型人才立体评价改革的操作方案；探索性开发职教公共课立体评价平台1个，组织重点引入优学院、U校园教学平台2个；完成项目研究报告1份；指导试点学校形成职业教育温暖服务型人才立体评价实施评价报告；指导试点学校一线教师撰写职业教育温暖服务型人才立体评价系列典型案例；指导试点学校依托公共课程教学评价改革积极培育教学成果奖。项目研究取得了较好成效，对试点校深入开展公共课教学改革和落实公共课育人成效有较大推动作用，同时对其他同类职业院校开展公共课教学评价改革具有一定的辐射示范作用。具而言之，育人模式突破表现在以下几个方面。一是评价导向转变。从"结果证明"转向"成长见证"，某学生因服务实践中的突出表现获"温暖服务之星"专项评价。二是课程思政融合。如在《心理健康教育》课程中，通过服务案例分享实现价值观塑造与专业能力培养的有机统一。三是产教评价衔接。引入企业导师参与实训环节评价，使人才培养更契合养老护理等行业的服务标准。

（四）实践反思与未来优化路径

1. 现存挑战的深度剖析

但因为项目研究周期、研究资源等限制，项目实践也尚存一些不足之处，有待以后研究中持续优化改进：一是项目实践的试点学校有限，仅在重庆市部分职业院校进行试点实施，后续还需要加强行政力量介入，在市内外其他职业院校进行有效推广，进一步提升项目示范效应；二是信息技术介入教学立体评价的手段还不够成熟，职教公共课立体评价平台使用流程较为繁杂，平台对学生过程性数据的系统性获取还不足，优学院等教学平台支撑师生教学过程能力增值的功能开发还不足，需要后续持续优化平台功能；三是教学改革成果培育的高度还需要进一步提升，要进一步凝练成果，积极培育高级别教学成果奖和形成有效资政建议，提升成果应用价值。

2. 系统性优化策略

一是区域协同推广计划。建立"成渝地区双城经济圈职教评价联盟"，共享评价标准与数据资源；同步开展长三角、珠三角地区对比研究。二是优化技术攻坚路线图。开发轻量化移动端评价工具，降低使用门槛，引入联邦学习技术破解数据孤岛问题。三是开展成果培育提升工程。构建"校—省（市）—国家"三级成果孵化机制。

3. 未来发展的战略展望

职业教育温暖服务型人才立体评价体系的实践，标志着我国职教评价改革进入"数据驱动、增值导向、全人发展"的新阶段。未来需要在技术赋能、机制创新、成果转化等方面持续突破，使评价真正成为推动职业教育高质量发展的"导航仪"和"助推器"，为培养新时代高素质技术技能人才提供坚实保障。未来发展的战略展望主要体现在以下两方面。一是评价生态体系构建。打通"教学评价—证书认证—就业推荐"数据链，如将增值评价结果纳入"1+X"证书考核体系。二是人工智能深度融合。探索新兴人工智能技术在评价反馈中的应用，实现实时个性化学习建议生成。